T 城市 he
剖面图
城市和街道设计解析工具

Urban Section:
An analytical tool for cities and streets

［英］罗伯特·曼托（Robert Mantho） 著

艾伦·杰克逊·辛普森对本书亦有突出贡献

钟毓欣 译

電子工業出版社·

Publishing House of Electronics Industry

北京·BEIJING

The Urban Section: An analytical tool for cities and streets

978-0-415-64259-0

Robert Mantho

© 2015 Robert Mantho

版权贸易合同登记号　图字：01-2015-7566

图书在版编目（CIP）数据

城市剖面图：城市和街道设计解析工具/（英）罗伯特·曼托（Robert Mantho）著；钟毓欣译. —北京：电子工业出版社，2021.4
书名原文：The Urban Section: An analytical tool for cities and streets
ISBN 978-7-121-40480-1

Ⅰ.①城… Ⅱ.①罗… ②钟… Ⅲ.①城市道路—设计 Ⅳ.①U412.37

中国版本图书馆CIP数据核字（2021）第018255号

书　　名：城市剖面图：城市和街道设计解析工具
作　　者：［英］罗伯特·曼托（Robert Mantho）

责任编辑：郑志宁　　　　特约编辑：田学清
印　　刷：三河市良远印务有限公司
装　　订：三河市良远印务有限公司
出版发行：电子工业出版社
　　　　　北京市海淀区万寿路173信箱　　　邮编：100036
开　　本：889×1094　1/16　　印张：18.75　　字数：251千字
版　　次：2021年4月第1版
印　　次：2021年4月第1次印刷
定　　价：138.00元

凡所购买电子工业出版社图书有缺损问题，请向购买书店调换。若书店售缺，请与本社发行部联系，联系及邮购电话：（010）88254888，88258888。
质量投诉请发邮件至zlts@phei.com.cn，盗版侵权举报请发邮件至dbqq@phei.com.cn。
本书咨询联系方式：（010）88254210，influence@phei.com.cn，微信号：yingxianglibook。

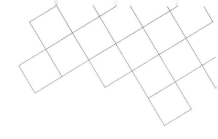

对于在城市环境中工作的建筑设计师和城市规划者来说，他们最重要的任务就是设计街道，并衔接不同性质的街道。《城市剖面图：城市和街道设计解析工具》一书考量了两个不同的空间剖面——单一街道和城市街道群，即街道剖面和城市剖面，并确定了一系列通用的街道类型，讨论了这些街道类型在响应气候、文化、传统、形态、社会和经济方面的成功与失败。

本书通过比较研究，分析了街道和城市设计的最佳实践，阐述了场所营造的方法论，即如何分析和设计成功的街道和公共场所。

本书对世界各地城市"街道"的今昔做了绝佳的描述和分析，兼顾学术与专业趣味，无论是对于公有以及私营领域的建筑设计师、城市规划师、城市设计师、公路工程师、景观和城市设计顾问，还是对于学生群体、公民社团、市政当局和政府机构来说，都值得一读。

罗伯特·曼托是一名建筑师、教师、研究员，曾在纽约、伦敦、波特兰和佛蒙特州参与大量建筑项目、社区项目和比赛。他也是格拉斯哥艺术学院麦金托什建筑学院五级的主管。他的研究领域是城市空间配置以及空间生成的数字处理和协同设计。

艾伦·杰克逊·辛普森是一名建筑师、城市规划师、教师、作家。

献给我的所有学生，你们让我受益匪浅。

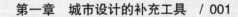

目录 Contents

插图目录 List of Figures

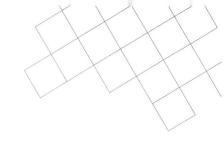

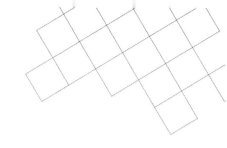

插图目录 List of Figures

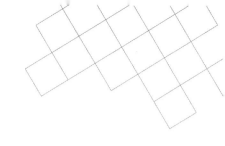

插图目录　List of Figures

写作本书的想法始于阿姆斯特丹的一条街道，当时我正在向学生讲解该街道。我试着描述该街道及其物理特征，最重要的是街道及其两侧的内部空间如何连接，各种元素之间的关系如何组合在一起形成街道的空间和具体场所，以及它们如何影响基本的城市关系。我试着解释怎样去思考和了解一个地方。当我用语言进行描述时，能看到学生一脸困惑。我意识到，我正在踏入一个古老的"陷阱"——经验丰富的专业人士在教学时往往希望学生能理解隐性知识，却不加以阐明。

这让我开始思考：我在讲解街道时是怎么做的、运用了什么技巧，以及我怎样才能让学生明白该技巧。我先停下来回顾我以前讲解街道的流程。我注意到，我首先是在脑海里勾画街道剖面图，切割街道横截面，并应用这一分析工具使空间内的各元素相互关联。接着，我意识到我还利用分析结果来讲解街道的城市品质。

为了向学生展示这个思考过程，我开始给他们画街道剖面图，绘制物理、空间和城市之图。我先是用手指在空中画，后来用铅笔画在素描本上。我解释剖面分析的价值，使用街道的平面图和剖面图，展示如何利用这些分析工具获取城市的一系列基本特征，并结合它们了解一个地方及其环境的细微之处。

我想到，在这一刻我通常在下意识地使用另一种常见技术——比较分析。我意识到，当我在脑海里勾画剖面图和平面图时，我也将结果与我所知道的街道进行比较，不管是相似的街道，还是不同的街道。我让学生想一条他们熟悉的街道，画出该街道的剖面图和平面图，再比较这些剖面图和平面图，找出异同点。谈话进一步发展为讨论，讨论我们所在的街道有哪些优势，它与周围街道是什么关系，与阿姆斯特丹又是什么关系。

我让学生观察街道，并分析他们看到的内容，从而引发街道的重要性问题及其所起的各种作用的讨论。同建筑和城市规划的许多其他方面一样，人们认为街道是一种理所当然的日常体验，但是它对建筑师和城市有着重要意义。许多城市思想家认为街道是城市的基本组成部分，显然首先是因为它支持行人、车辆和货物的通行，还有一个重要原因是街道构建了个体建筑物之间的关系，形成连贯一致的城市整体。街道是公共领域最基本的形式，寻常的公共生活就发生在街道上。街道构成城市，又化作城市的背景。尽管广场和公园是公共领域的重心，但街道是一张网，包含着这些特殊的时刻，并将它们连接起来。正是通过街道及其建立的具体物理传统，一座城市的特征才得以确定。理解特定城市的街道，是有效理解建筑和城市设计环境的根本。

我在思考街道知识的重要性时，意识到这种分析街道和场所的手段是经验丰富的建筑师和城市设计师的常见做法，但这是一种本能反应，因而可能也是"隐蔽"的。后来，我在多次与其他学生和同事进行对话时，想起这件事，并意识到该实践中嵌入了一个实用的方法，而身为教师，我似乎有必要让学生接触这种方法。我开始更加认真地思考我是如何分析和比较街道的，发现有两点：一是从大量城市中选取街道，并绘制一套图纸用于比较分析，这些图纸非常有价值；二是在研究各种关系时，需要将脑海里随意形成的图解开发成可行的方法。于是经历了一个发问、绘制、讨论和发现的过程，我又意识到有许多街道和城市都被我视作是理所当然的。

我开始研究城市规划，包括城市设计史、城市分析和城市设计理论。显然，城市设计领域有着广泛的关切，知识体系在不断扩大。几十年来，为了全面了解城市及其形成、使用和改变方式，有人做了大量重要、瞩目的工作。本书属于卡莫娜等人[1]所谓视觉维度的一部分，同时也被我称为物理传统。这种传统注重物理信息的研究，并尝试从中获得有价值的知识。

本书承认，这组物理信息及其衍生的知识有其局限性，但也不否定其他了解城市问题的方法。但本书确实认为，城市的物理配置对城市体验的品质有重要的影响。整合其他方法，可以扩展本书的内涵及使用方法，并由此增进理解。例如，了解街道元素和空间的布局，结合社会背景知识，可以更深入地读取城市。两条街道的物理品质可能极为相似，但社会经济状况差异很大，就会形成极其不同的城市特点。物理属性不是唯一能够定义城市体验的因素，但它们是促成城市体验的主要因素之一。

注释

1. Matthew Carmona, Steve Tiesdell, Tim Heath and Taner Oc. eds. (2010). *Public Places–Urban Spaces*. London: Architectural Press.

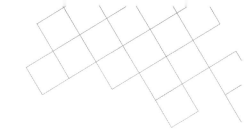

本书的目标在于收集世界各地典型城市的信息，综合得出分析方法，为城市调查提供实用工具。本书图纸为宏观考察一系列城市和细节考察一系列街道提供了方法。这些研究图纸为了能够深入研究具体关系，有意遗漏了部分信息。图纸本身是精确的，比例尺相同，形成了严格的调查框架。该方法使用一套清晰的图解作为调查手段，建立了系统化流程，阐明了相关的信息和关系，进行了比较分析，从而使读者增进对具体城市和街道的了解，并形成城市环境的一般知识。这些数据和方法为了解城市的复杂性增添了工具，有助于人们增进对城市设计和分析领域的认识。

第一章首先讲述了城市设计的补充工具，通过讲述物理系统介绍了城市思想中关注城市物理属性、试图改善其运作的流派。接着本章解释了城市设计的物理途径的发展，并介绍了对该传统做出主要贡献的人，为提出方法论设定了背景。本章还讨论了城市思想中出现的对场所营造的关注，空间在界定场地时所起的作用，以及理解构建城市空间的物理因素的重要性。由于平面图是考察城市情况和表达设计提案的工具，本章也简要论述了平面图的重要性，并简略说明了几个重要的历史案例。最后，本章还认为，纳入城市剖面图和街道等信息，运用一种补充工具，进行系统分析，能使城市考察人员和设计人员受益匪浅。

第二章从宏观尺度探讨了剖面思想，以增进读者对城市形态的理解。本章一开始讨论了19世纪与20世纪之交的帕特里克·盖迪斯，还有后来新城市主义者所提出的大比例尺剖面图（或称横断面）在理解城市及其形成过程中的地位。本章还概述了垂直关系对城市形态的意义，并根据该领域常见的分类实践提出了一组城市类型，为讨论世界各地城市的各种垂直关系提供框架。本章采用大比例尺剖面图进行描述性分析，并简要探讨了每种城市类型，展示了不同城市形态的垂直品质。本章最后还讨论了了解城市垂直特性的价值所在，强调了在研究城市时，进行平面和剖面分析能够拓展人们对空间关系的认识。

第三章详细介绍了本书的基本立场，主张街道是城市的基本组成部分，街道知识对城市分析设计至关重要。这种观点已被当代城市规划广为认可，许多出版物也致力于探讨与街道设计相关的优秀设计或最佳实践。本章对一系列这种资源进行了综述，并确立了当代街道设计的方法。本章还进一步延伸，认为临街一楼空间也是街道空间的一部分，一楼必须联手街道，打造活跃的城市空间。本章还利用街道剖面图考察街道的主要特征，构建讨论词汇。本章的结论是，剖面分析可以展示街道空间，并能与平面分析相结合展示重要关系和属性，从而更好地了解街道和街道设计，并帮助设计师了解在用街道的组成部分，以及在街道内外部之间设计城市对话的手段。

第四章的图纸涵盖了三十座来自世界各地的城市。每座城市都有一组图纸，包括一幅大比例尺城市平面图和一幅大比例尺城市剖面图，以及特定街道的平面图、剖面图和照片，并附有城市形态简介，从宏观尺度表达了对空间布局的一些基本看法，还描述了所展示街道的配置方式及空间特征。每组图纸都以相同的比例尺绘制，便于比较分析。城市和街道来自非洲、亚洲、欧洲以及南、北美洲。目的在于提供各种城市形态，回应一系列情况，便于用户考察他们熟悉或陌生的城市模式。出于更广泛的原因，本章挑选了一些城市和街道，选中它们是为了见微而知著，考察更普通的城市和街道。所有城市都是"特殊"的，具有独特的品质和特征。关键在于所选例子没有"优劣"之分，都是日常运营的城市组织。本章通过辨别普通街道的建造方式，识别各类城市的空间和物理关系，而不仅仅是罗马或巴黎等美丽的城市。这在一定程度上是对普通城市的回应，哪怕人们通常认为一些地方并不具备宝贵经验，也希望能选取它们为例。每座城市还选取有代表性的特定街道，同时也试图选择多种街道，使一整组三十座城市三十条街道具备典型意义，可用于分析各种各样的城市情况。

第五章阐述了调查街道特征的具体分析方法，也简述了如何用第二章曾概述过的、与城市大规模研究相关的方法论和思路解决各种城市设计与规划实践。为了展示本书的核心方法论，本章从第四章的街道集锦中选取两个例子，利用一组分析图表逐一进行考察，比较其结果，获取每条街道其他层面的信息，从而推导出更多一般概念。每个图解中的信息共同构成一组相互关联的观测数据，表现基本的物理细节，从而构建更为复杂的关系。本章接着介绍了在更广泛的城市设计领域将这种方法应用于具体关切领域的现行做法。本章简要总结了在宏观和微观层面，如何运用该思想增进人们对城市复兴、城市保护和城市设计等相关问题的了解。本章提出的方法也有助于推进每一种一般或具体的实践。本章讨论了如何利用城市信息构建比较分析，以调查城市保护的个别实例，或如何通过比较书中多条街道的信息，以研究人们普遍关注的问题。第五章论证了在面临严苛任务时，城市设计各个领域的人员该如何利用该方法和图纸，使其成为实用工具。

本书最后讨论了核心前提及其对城市设计师和当前城市相关讨论的价值所在。本书的立场是，城市结构和城市空间可以在多个层面、从多个分析角度进行理解，但要形成全面理解，物理事实至关重要，而这些事实可以通过严格的、系统的平面和剖面分析得到增强。本书重点指出，通过考察各座城市的垂直特性，详细分析各条街道，证实了街道空间与临街一楼空间发生相互作用是健康的城市形态的基础。充满活力的街道对城市至关重要，也是城市设计师的基本目标。一般的设计师往往设计出封闭的一楼，几乎不能给予街道什么，而使街道无趣，使城市生活贫瘠。建筑师和城市设计师优先考虑的问题之一是如何让建筑物内部的生活成为街道的一部分。了解如何实现这一点的各种方式，对于城市规划的任何相关人员来说都很重要。全球各地的城市都是如此。

本书首先试图解释个人是怎样了解街道，并怎样通过街道了解场所和城市的。本书认为结合水平和垂直信息建立空间图像，能够考察各种复杂的城市关系，于是本书作者开展了长期研究，与同事和学生进行了多番讨论，最终开发出了本书的方法论，并收集了三十座城市的数据。作者在撰写本书的准备阶段，对该方法论进行了讨论、研究和检测，表明了它的价值所在。本书认为这种方法论能够扩展研究城市情况的方法，并以此为基础，在书中对图纸和观点进行了呈现。

对于人们认为理所当然的东西，建筑师和城市设计师却需要仔细观察，看到并理解实际的材料细节，因为它们构成了体验，并在一定程度上决定着体验。这往往是理解城市情况的第一步。本书的目标在于使用直接明确的分析方法对这些基本物理信息进行考察，从而为那些调查城市复杂性的人员提供一个起点，一种严谨而透明的方法，以及一种规范调查客观信息的手段。这种方法始于作者的一次教学契机，继而应用于作者的城市分析和城市设计考察，并最终得以为调查城市和街道的复杂性所用，成为城市规划师的又一宝贵工具。本书所述有助于人们进一步了解城市环境，并更有意义地支持人类活动。

C第hapter
O章ne 城市设计的补充工具
Urban Design-An Additional Tool

调查一经开始，设计师所面临的实际问题就成为其关注的重点。本书观点正是始于调查。本书一直从设计师的角度出发，思考街道如何运转，思考某条特定街道的物理特征所形成的关系如何影响街道的空间和体验品质，并思考如何运用此类知识，改善建筑物、街道和城市的设计。因此，这种分析比较法正是站在设计师的立场，提出新增一种信息收集和知识构建的手段，助力城市设计领域。要确定这种分析比较法如何助力城市设计，一项主要任务是定义其在城市设计环境中的立场，而简述城市设计与理论史，即可完成该任务。不必全面、详细地描述城市设计思想，只需要概述本书观点与城市设计主流思想之间存在的普遍关系，并对所获得的认识进行适当归结。

物理传统

虽然纵观全球，城市设计无疑曾以某种形式在古代文明中出现，但是现代城市设计的历史始于15世纪，尤其是在意大利文艺复兴时期，古典主义思潮重现欧洲大地。现代城市规划最早开始关注设计，文艺复兴时期意大利建筑师的理论和实践或许就是现在所谓的城市设计。阿尔伯蒂的《论建筑》[1]以及教皇西克斯图斯五世在罗马的建筑项目[2]是文艺复兴时期城市建造最为著名的一些案例。同之后的大多数城市设计一样，早期这些案例关注城市环境的物理方面。直到近代，从事城市设计的建筑师和思想家才开始关注建筑物和材料单元的重新配置是如何改善城市使用并提升审美体验的。我将对城市材料方面的关注称为"物理传统"，有别于近些年来与城市设计学科发展相关的领域。

关注建成环境的具体事实对城市使用者的影响，一直是城市设计公开的原理。直到20世纪中叶，人们才开始对现代主义的城市规划进行批判。虽然政治任务和公众形象的投射强烈影响着巴洛克风格的城市的规划，并在19世纪末20世纪初继续影响着实质上属于巴洛克晚期的规划活动，但是这些非物理方面的考虑都是以材料组件的操作为依据的。设计讨论的最终结果仍然集中在如何构建物理环境以改善城市，而城市设计艺术仍为巴洛克晚期风格。人们认为，城市建造的基本目的是以新式的美学配置搭建宏大的城市背景。

对物理因素的关注是19世纪城市进步性批评的核心。如霍华德[3]，特别是西特[4]，都认为城市的物理配置对社会造成了不利影响，只有改变城市的物理结构，才能解决这些问题。人们认为，改变物理环境，才能回答城市问题。这种观念一直存在于现代城市规划思想的发展过程中。在此基础上，人们提出一种模式，将现代交通运输和经济活动的要求置为城市设计的核心。街道发生剧烈的物理变化，因为交通方式分离而遭到拆除，在单个建筑物周围搭建公共空间，加上城市的基本组织方式，都被用来纠正19世纪城市过度拥挤和卫生条件差的问题。有人认为，高效的功能主义答案能够"修复"历史城市，并结合现代主义美学，将物理因素的重组置于社会重建梦的核心位置。最终，勒·柯布西耶发出了对变革的呼唤。在那句著名的"建筑还是革命"[5]之中，一切走向高潮。

第二次世界大战后，世界各地许多城市都重新进行了设计，并基于现代主义思想在市区修建了高速公路，设计了单一的使用分区和建筑模型。市区重建计划极大改变了传统的城市肌理。过度拥挤和卫生条件脏乱的情况得到根除，但是许多社区的社会凝聚力已经遭到破坏且回天乏术。车辆交通的运行条件得到改善，但是无数社区已被摧毁。简·雅各布斯[6]等人批评了现代主义城镇规划及其对城市居民生活质量的影响，由此导致了规划行业的信任危机。由于对现代城镇规划设计思想缺乏信心，大型物理重建项目被撤销，转而关注其他方面的规划。规划者们开始采用各种理论思想。从社会学到经济学，一系列学科开始影响人们关于如何理解和重构城市的讨论。

社会学、感知学、人类学和经济学技术及思想的应用，促进了20世纪六七十年代城镇规划的发展，彻底重构了城市思想。该领域的学术活动大幅增加，学科领域得到扩展，并最终建立了新的学科：城市设计。城市设计是一门交叉学科，需要对建筑、规划、经济和政治等进行多个层面的考虑，才能成功运转。由于所涉问题广，需要一系列专业知识，城市设计学科所涵盖的知识体系也在扩张。近年来，城市设计思想还因此形成了两个不同分支，即传统的对物理问题的关注和新兴的对社会问题的关注。在《公共场所——城市空间》一书中，卡莫娜等人[7]认为，这两种方法分别形成了视觉艺术传统和社会使用传统两大思想传统，最近第三个传统出现了：场所营造传统[8]。在这种背景下，本书作为对物理传统的补充，提供了收集城市物理环境信息的手段。

物理传统的发展史，实际上就是我们所理解的城市设计史。对城市物理结构的关注一直支配着城市设计和分析。一些城市被视为理想地表达了几何结构，从而开启了现代城市思想传统。佛罗伦萨和罗马的复兴改造，与这些城市一道，核心思想是物理条件塑造经验，因此，对这些城市的研究非常重视思考的作用，比如需要对设计进行批判性思考。

从文艺复兴一直到现代主义城镇规划之初，对空间进行几何结构和理想化的操纵形成了城市规划的基础。城市设计艺术的终极目标是创造秩序和视觉和谐，建造瞩目的市民场所，并引导视觉，成就辉煌。[9]很久以前，佛罗伦萨和罗马在杂乱的中世纪城市结构中开辟了笔直的街道，这一实验迅速走向了更为宏大的目标——巴洛克城市设计。虽然其他因素也能影响决策，但主导巴洛克城市思想的却是强行创建的有序关系。新居住区的建造（如凡尔赛宫），现有居住区的重组（如巴黎协和广场），或城市新增的扩建部分（如摄政公园和新月公园），都是通过几何秩序来实现美丽的概念的典范。[10]虽然作者和设计师没有明说，但显然是由于巴洛克设计的美学品质与集权式政府的政治目标之间存在一致，四百年来巴洛克设计原则才会在城市设计领域盛行。一直到18、19世纪，规模不等的城市建造、改造和扩建大多是由不同形式的集权式政府专制权力付诸实施的。那么在物理和视觉上注重展示集权组织及其权力的形式成为建设城市的正确途径，也就不足为奇了。[11]这些巴洛克思想不仅在奥斯曼大道中得到体现，深受欢迎，也出现在世纪之交（19世纪与20世纪之交）的美国城市美化运动中。所有这些巴洛克晚期城市规划形式的核心观点都是：城市的材料配置能够塑造城市居民的生活。

19世纪下半叶发展起来的进步思想对工业化城市问题进行了回应，这是物理传统的另一个发展阶段。最终，巴洛克晚期的城市设计思想向现代主义城镇规划的激进思想过渡。城市及人口密度的急剧上升导致贫困和危险，加上工业活动进驻城市，引发了一股新思维浪潮，它致力于改善城市居民尤其是城市贫民的健康和生活质量。文学和艺术领域早期出现的类似浪漫理想也体现了这一点。城市思想家开始断言自然的重要性，认为它可以缓和城市生活的消极影响，并认为公园、绿地和自然形态是缓解混乱城市压力的关键。奥姆斯特德提出了波士顿"绿色项链"方案，而霍华德更为彻底地重组了花园城市理念。于是，为了城市居民的福祉，巴洛克城市设计思想时期的基本房客只能流离失所。[12]卡米洛·西特则提出另一组浪漫因素，声称经济合理化和视觉秩序的美学会带来乏味的城市。[13]为了激发诗意的感受和愉快的经验，西特研究中世纪城市形态和空间，从中整理和总结出策略并重构艺术城市。维多利亚时代晚期，卡莱尔、莫里斯和拉斯金等人对中世纪理想的评价影响着这些思想。不论是霍华德对生产绿地和休闲绿地所做的空间分配，还是西特在论述艺术城市时提到的历史城市和不规则的广场，都体现了这一点。[14]所有这些思想再次宣称，城市无论脏乱、嘈杂、有序、自然，还是艺术，其具体属性都影响着城市的使用者。这些思想也强调了城市建造的重点是物理环境的合理布局。

19世纪晚期存在着大量进步理想，它们和早期现代思想之间产生了争论，使人们对城市的运转和组织方式乃至定居目的等基本假设提出质疑。正是在这些寻求解决工业化城市问题的讨论和尝试之中，出现了现代化城镇规划的实践。当时的观念认为，与以前的文明相比，在20世纪初，现代状况极为不同，需要新的解决方案。人们以为，这些新方案将作别过去的艺术和历史关切，并基于理性的原则和方案解决从未遇到过的情况，而新形式的运动、沟通和生产能提供重建物理环境的需要和机会。

现代城镇规划试图通过机械组织来改善生活条件，解决工业经济生产的需要。该规划力求基于客观事实，虽然审美要求不同，但仍然认为环境的美学布置对城市建设行为至关重要。现代主义城市设计原则以机械世界观为基础，声称城市的高效运作和各项活动间的理性关系应成为设计决策的基础。划分单一使用分区、完善交通网络设施、工业进程远离人口、打造清晰的视觉秩序，这些规范的设计都是为了让城市顺畅运转，以免受到不健康的生活条件和消极的影响。评估问题、树立标准的科学流程、结合规模化生产技术，被视为解决城市及其居民所面临的一系列问题的办法。公共卫生研究发现，无节制、欠考虑的增长导致的通风不良、光线不足、洁净水源缺乏、卫生状况糟糕、过度拥挤等，被认为是造成人们健康不良和高死亡率的主要原因。其他思想，比如认为历史思想和模式腐败且带有欺骗性，也促成了新的形式和视觉语言的出现。人们坚信，使用现代主义城市设计原则重塑城市可以解决贫困和犯罪等社会问题。[15]

战略部署现代化城镇规划，重建和重塑战后城市，彻底改变了城市体验。贫民窟清除计划和城市更新计划重新定位了人口和工业，并在城市肌理中嵌入交通基础设施，这些变化改变了城市。降低密度以缓和过度拥挤的情况，并提高卫生状况和健康标准，同时还允许交通基础设施逐步主导组织策略，这些想法对公共空间产生了戏剧性的影响。从20世纪60年代初开始，人们批评它们破坏城市生活。简·雅各布斯认为，这些设计思想使得城市环境缺少实质的社会接触，并剥夺了活跃的人类活动，而这些是享受城市所必需的。[16]这样那样的批评，使人们对城镇规划这门学科产生了信任危机，最终不再相信改变物理环境能够有效处理城市问题。社会学和经济学等其他学科成为城镇规划的基础，规划者依靠定量数据分析城市，为政策提供基本依据。[17]

还有一些设计师仍然专注于城市设计的物理问题，他们灵感的主要来源是历史悠久的城市，由此开启了四十年的考察和讨论。从阿尔多·罗西的《城市建筑》[18]到莱昂·克里尔的文章《城市空间》[19]，这些历史分析的主要模型是欧洲城市。他们认为，在历史悠久的欧洲城市中，最容易找到这样的城市模式，它们支持创建可识别的公共空间，因而也最支持社会交往和文化活力。人口稠密的城市核心备受赞誉，因其充满视觉和空间活力，被视为社交与文化的媒介，是文明社会的实体表现。他们认为，城市设计是为了促进社会往来而对建筑物之间的空间进行塑造。街道围合所界定的空间和城市广场上清晰可辨的肖像则成了城市设计的典范。

一个充满活力的当代城市设计议程——新城市主义——将对历史模型的关注与其他主要的物理传统流派相结合，形成协调一致的思想体系，带来物理传统的复兴，生成分析工具、图解模型和设计方法。新城市主义明确阐述了物理环境布置的原则，并基于此对城市条件进行批判，呼吁在城市各个层面仔细整合元素。新城市主义倡导改变规划政策，提高密度，以实现社会和环境目标，即人车混合的网络、公共场所的物理界定，以及反映区域文化的环境。他们提出这些原则，以期解决城市扩张问题以及社会凝聚力缺失的社会问题和所谓"丑陋"的城市环境问题。有人再次断言，物理方案能够回答并解决城市和社会问题。

另外，对第二次世界大战后城镇规划的批判促使人们基于生态问题开展批评。20世纪60年代，伊恩·麦克哈格[20]等人开始用生态学思想分析城市影响，并提议从发展模式到居住单元，一切都要改变。过去这些年里，这种城市设计方式的势头日渐强劲，促使城市规划考虑一系列可持续问题，以最大限度地减少能源消耗和对环境的消极影响，同时提升社会效益，提高个人生活质量。不论是理查德·罗杰斯对伦敦修订规划政策所做的辩护，还是诺曼·福斯特和合作伙伴的零碳城市——阿联酋的马斯达尔城，或是澳大利亚的纽因顿，都在试图实现可持续的城市生活方式。[21]这种可持续城市的设计模式可能有助于解决即将来临或已经来临的问题，如气候变化、资源枯竭和世界人口日益城市化等。

对城市设计物理传统的最新补充，是一种新兴的方法——参数化城市设计，它试图利用计算策略和过程来解决城市问题。[22]参数化被视为有助于生成响应性城市环境，能够实现资源最大化，并依据城市情况的复杂标准达成设计方案。参数化城市设计寻求运用数字工具的力量，模拟物理现实的各种版本，并检测影响。它认为，城市是可变的、可塑的、可以进行优化而实现任何期望结果的。同过去的许多城市设计一样，这种方法关注各种元素的物理配置和城市结果，隶属物理传统，说明这种城市设计的构想一直存在。

在物理传统中，三维因素一直是城市设计讨论的一部分，但是在设计和表达城市提案和理论时，平面图显然一直是重心。平面图是考察现有条件并传达协议变更的主要工具。在进行讨论时，平面图图解是说明概念的主要手段。人们一直利用平面图进行组织和管理，二维的简化有助于管理大型复杂问题，协调重要关系。

平面图

文艺复兴时期，透视图及其所激发的空间思维在城市设计中发挥了重要作用，这一点从夸张描绘理想城市的透视图数量方面可以看出。但是人们认为，平面图才是考察解决方案并表达整个城市提案的工具。从菲拉雷特（安东尼奥·阿瓦利诺）为斯福尔扎城堡所做的设计，到达·芬奇的伊莫拉平面图，[23]众多理想平面图都主张城市的构建应使用有序的数学系统，细分几何图形。而要实现这些设计目标，比例网格的使用、对称性、和谐性和有序关系都依赖平面视图。

整个巴洛克时期都有设计师利用平面图探索城市设计。这一时期最著名的城市规划案例就是依靠平面图来表达几何秩序。巴洛克城市设计的特点，就是从各种广场几何结构向外辐射，形成复杂的车道规划图。教皇西克斯图斯六世在罗马所建立的街道网络正是依靠平面知识和技术，确定重要的朝圣教堂和纪念碑之间的关系，[24]并利用这一信息重构整座城市，即在平面图上画出笔直的道路，穿过凌乱、有机的中世纪肌理。平面图主导着巴洛克空间思想，最典型的例子就是凡尔赛的布局：道路网以宫殿和花园为中心，利用平面图构建复杂的几何图案，寻求集中有序的空间和无限的街景之美。[25]也许是由于巴洛克风格重视平面图及其效果，平面图成为城市规划师最重要的工具。

正如巴洛克晚期的审美理想一直到19世纪末仍主导着城市思想，平面图也一直是城市设计师的主要工具。学院派城市规划正是通过平面图才得以调查并部署策略，巴黎或巴塞罗那的平面图就体现了这一点。[26]尽管奥斯曼在改造巴黎时，特别是设计街道和规划设施时使用了剖面图，但仍优先使用平面图，尤其是在美学领域。考察街道和林阴路时，使用剖面图确定其物理功能，但通过平面图评估和传递其艺术影响。美国的城市美化运动则将巴洛克设计理念与进步观念相结合，这些进步观念致力于缓解因过度拥挤和不良卫生状况而导致的问题。人们又一次使用平面图组织城市空间构建大型建筑物与林阴大道之间的关系，前者面向公共空间，而后者连接重要行政文化区与娱乐设施。虽然人们经常以复杂的透视渲染图描绘这些大型项目，但是它们本质上是巴洛克平面图思维，服务于进步的民主社会观。[27]

随着其他进步城市观念的发展，平面图一直占据着主导地位。埃比尼泽·霍华德提议，考察城乡居住质量和关系，绘制平面图表，并基于此重组城市。霍华德正是在平面图中融合了二者的特征，提出城市设计的备选方案。1902年，他修订再版了《明日的田园城市》一书，其中的著名插画《无贫民无烟城市群》展现了平面图对于霍华德思想的意义。[28]单个城市的同心形式、交通运输圈、工农业和社会资源的仔细定位和特定分区以及径向综合图都是平面概念，平面图正是依靠二维特性实现了图表的视觉吸引力。

尽管在重构城市时，早期现代主义理论使用引人注目的透视图来描绘新的秩序环境，但是其终极基础是平面策略。从托尼·加尼埃的"工业城市"到勒·柯布西耶的"当代城市"，平面图成为高效组织城市实体的机械手段，用来合理化组织工业城市的组成部分。[29]随着城市规划被重新定义为科学实践，平面图的客观性能够满足人们规范考察和沟通的感知需求。无论是坚持严格按照用途进行的工业、商业和住宅分区，还是勒·柯布西耶城市平面图的几何纯度分区，都再次说明了这一点。[30]对现代主义来说，平面图既是一门工具，也是一种代表思想。[31]

城市的设计和分析史时有标志性的平面范例穿插其中。该学科的许多基础文件都是平面图，如文艺复兴时期的理想城市、罗马的诺利规划、华盛顿特区的皮埃尔·朗方规划、[32]勒·柯布西耶的马赛公寓、[33]科林·罗《拼贴城市》一书中的平面图[34]以及佛罗里达州滨海城的新城市主义规划。[35]平面图在城市设计传统中占据的地位如此重要，以至于进行城市设计的学科和专业实践实际上就被称为城市平面规划，直到20世纪中叶该领域才重新进行了基本评估。这种重新评估，加上对第二次世界大战后城镇规划决定论及其僵化逻辑的批判，新增了一系列工具，并恢复了城市建造实践。尽管如此，平面图仍然是调查和沟通的主要工具。即使在透视草图、数字模型和剖面图表得以广泛使用的今天，平面图仍然是城市设计和分析的基础工具，是大多数城市设计对话的起点。

城市剖面图

横断面的诞生，使城市设计思想得到拓展，不再只是聚焦于平面图。横断面这一概念成为思考城市问题的重要理念已有一段时间，但是近年来才逐步得到应用。这个概念起源于生物学，指在一个确定区域沿着一条固定线路记录一个特定现象。该方法的目标是在空间分布图中绘制现象发生率与位置的关系。城市思想家使用横断面这一概念，并与城市规划相关联，试图了解人类与其居住的建成环境之间的关系。

帕特里克·盖迪斯最早利用横断面思考城市问题。他努力发展关于地区和地区内人类居住区的概念，借鉴生物学观点，构想人类活动、自然环境及其最终与人类居住区之间的关系。对于盖迪斯来说，该生物模型的应用解释了一个特定地区的环境条件如何发展出相应的人类自然经济。[36]盖迪斯试图了解构成城市的种种关系，并坚持认为了解一个地方的现有条件很重要。他规范地收集、组织和分析信息，并基于此使用横断面这一工具。虽然人们普遍将横断面视为传递一组区域关系的图表，但是它本质上是一种手段，用来探索栖息地和居住区之间的相互作用以及整个地区各因素之间的相互关系。横断面也可用于了解与环境因素相关的社会和文明的发展及与这些事件相关的空间结果。一系列用途说明了盖迪斯拓展横断面概念的价值，并强调了空间因素对序化知识，特别是与建成环境相关的知识的重要意义。

伊安·麦克哈格在他的著作《设计结合自然》一书中也使用了横断面概念。[37]麦克哈格认为，从根本上说，忽视自然的设计都在破坏自然。在此基础上，他努力开发出与自然相容的设计方法。为此，麦克哈格主张，在制订项目目标或设计策略之前，应详细了解环境和生态。麦克哈格提议对自然栖息地进行系统分析，确定在哪里进行人类干预，尽量减小对环境的潜在破坏。为了了解一系列不同栖息地的生态条件，并在出现新进展时能够清楚地了解相关系统，麦克哈格建议使用横断面。麦克哈格并没有使用横断面来建立人类活动与环境之间的关系，而是用它更好地分析了解整个栖息地网络的生物事实和系统。使用横断面能够对信息进行分组和空间排序，同时促进人们对不同信息组之间关系的理解。本节使用横断面来分析环境信息和构想不同栖息地之间的空间关系，强调横断面这门工具的价值，并表明它能用于城市系统分析。[38]

20世纪90年代中期，安德鲁斯·杜安伊开始研究横断面的概念，使用它了解不同类型的城市形态如何相互作用，从人口稠密的城市连贯地带过渡到无人居住的自然地带。随后，新城市主义大会对此进行了拓展，使用横断面重新考虑了分区和设计指南，以解决城市无序扩张的感知问题。新城市主义者使用横断面考察城市形态的垂直空间成分，建立模型，展现建成环境的密度梯度和自然栖息地之间的恰当关系。[39]该模型的价值在于，使人们认识到要准确了解城市状况，必须结合水平和垂直维度对空间事实进行考察。虽然新城市主义对横断面的使用带来了许多问题，但是使用剖面信息来理解城市形态这一观念的价值不可否认。新城市主义在讨论城市分析与设计时，引入了横断面及垂直信息因素，从而开启了重要的兴趣领域，为城市分析提供了重要工具。剖面图应用于地区和城市，能够扩大信息范围，更细致地理解空间。使用这种分析工具，可以进一步在空间上读取城市形态，这一点现在看来似乎显而易见。但是只有在杜安伊拓展了横断面概念之后，人们才有可能更彻底地探索并利用此类信息。

大比例尺城市剖面图横穿城市肌理，可以展示仅靠平面图无法读取的空间关系和结果。虽然摄影或透视图可以描述空间，但是剖面图提供了一个规范的分析方法和准确的关系信息。城市剖面图可用于考察整座城市和某个地区的空间关系结构。这个宏观尺度的信息对于人们综合了解特定城市和一般城市而言很重要。为此，大比例尺城市剖面图可以作为一项分析工具，为人们提供另一个基础层面的信息，它应该成为城市设计师的基本分析工具。

街道

虽然横断面涉及城市的宏观尺度，但是城市的主要单元是街道。与城市设计的大部分方面一样，设计师对街道的关注可追溯到文艺复兴时期。最早的城市设计，如16世纪的佛罗伦萨和热那亚，就是清理中世纪的建筑，修建整洁笔直的街道。[40]文艺复兴时期将街道构想为有序、和谐的视觉实体，佛罗伦萨市政府也因此才下令改善城市。[41]显然街道能促进流通和商业活动。尽管如此，市民自豪感的体现无疑也对建设美观的街道起了一定的作用，热那亚的马焦雷街就是其中一例。[42]在这个时期，人们开始认识到公共领域从根本上是由街道及其公共生活空间界定的。

不管是罗马的大型辐射状道路格局，还是凡尔赛宫的林阴大道，街道及其变化形式是巴洛克城市规划的核心。巴洛克城市规划的几何秩序正是通过街道图案得以实现的，而景观则是由规则有序的外墙及其围合的街道空间构成的，进而形成具有无限空间的街景。这些不朽的街道连接重要遗址、场所和公共建筑，展现出了巴洛克城市设计的美学效果。[43]街道线性空间的布置和外墙统一的建筑语言，展现了理性与文明的景致，表达了社会的价值。[44]最重要的是，统一的建筑沿着笔直的街道展现出了清晰度和组织性，表达出了巴洛克时期专制政府的权力和权威。[45]巴洛克街道及其特征既为人们带来实际利益，也具有哲学和政治意义。

在19世纪，巴洛克晚期风格的街道是建造城市的工具，也是整治社会和经济问题的手段。奥斯曼设计的街道规定了外墙，规划了设施，提高了民用和军用交通运行的效率，这改变了迷宫般的中世纪以宗教为核心的城市格局，并使之开放。而过去的集中式的城市格局一旦遭到破坏，那些失业的或没有工作的城市贫民就要迁移或寻找新工作，为遵纪守法的经济活动提供了新的机会。[46]奥斯曼将街道设计为现代基础设施，采用当时最先进的道路建设技术，配备住房用水、污水和煤气管道，两侧林立着树木和天然气灯。[47]巴黎街道十分宽阔，绿树成荫，加上统一的外墙和精心规划的设施，可以说定义了现代街道，为世界各地的城市规划师提供了典范。[48]

1889年，卡米诺·西特在《城市建设艺术——遵循艺术原则进行城市建设》一书中，发起了19世纪晚期城市规划的又一重大讨论，反对巴洛克时期晚期建造的大型街道。[49]西特认为街道及其空间对城市的体验有着深远的影响。他表示，19世纪城市的街道笔直宽阔，缺乏中世纪街道的美学情趣。在他看来，蜿蜒的街道充满惊喜和视觉活力，更加人性化，更具有艺术性，也更令人愉快。虽然首译本质量不佳，过于强调这些想法，但是正是这个版本的西特论点对城市设计讨论的影响最大。[50]西特批评了当代城市规划的理性化街道，认为它们缺少变化和刺激，而变化和刺激恰是美学体验所必需的，对城市生活而言也至关重要。西特的观点影响了该时期的城市设计师，并且影响着20世纪

20年代的城市设计讨论。勒·柯布西耶在论证理性设计城市时，嘲笑他的想法为"驮驴法"，这一说法可谓众所周知。[51]讽刺的是，后现代城市理论家在批评现代主义规划理念时，正是西特的理论为他们提供了语言和知识"炮弹"，而现代主义规划理念得到了柯布西耶的赞同。[52]

约瑟夫·司徒本在他的著作《都市设计》[53]一书中，比较分析了欧洲各地的街道，建立了工业化城市街道配置的理性化体系。司徒本在寻求一种途径，使街道可以满足现代城市的各种需求，标明行人、私家车、公共汽车和电车等各要素的最低要求，并说明多种安排方式。司徒本比较各座城市的街道，试图提供普遍原理，从而解决城市设计师所面临的具体问题。司徒本的著作还涵盖城市规划的其他方面，但是他系统地进行比较分析、建立街道数据标准的方法和做法是独一无二的。

虽然都是使用系统的方法，追求理性的方案，现代主义看待街道的角度仍极为不同。由于传统街道在感知方面具有光线受限、运输模式混杂和视野过于紧迫等缺点，现代主义试图消灭传统街道，并出现了一些新的表述，如空中街道、高效移动的视野、视觉简洁以及反重力技术传奇等。现代主义的城市空间没有轮廓，也没有清晰的视觉边界，而是流淌在个体的周围，有着不同层次的高效运行的交通。而传统的街道则是在走廊里通行和展开商业互动，这被视为是过时的。人们认为机械模式必定是好事，因为它能够合理化人类活动，移动快、有活力、能体现当代世界。现代主义的公共领域及其合理高效的组织，是服务于城市系统确定的需求，而不是服务于豪门富户的尊贵地位和排场。城市将是平等而客观的，是每个人的市民场所，不再受压迫和特权阶级的美学思想所束缚。现代主义建筑和城市规划被认为可以解决19世纪的贫民窟过度拥挤、卫生条件糟糕、社会治安较差、混乱的问题，并认为社会上人人都应该享有最低的设施标准。在这种设计议程中，新设计的街道及其使用的空间具有实用、社会、审美和思想意义。

简·雅各布斯对传统街道及其所有脏乱变体的辩解，开启了对这些现代主义城市观念的批判。雅各布斯认为，街道的核心作用是提供日常社会互动的公共空间，而且街道需要像前现代街道那样有多种用途以及多个出入口。雅各布斯表示，现代建筑形制统一，视觉易于疲劳，加上将多个小地块整合成大型街区，街道的视觉刺激和物理活动变少，人口也减少，不再关注城市居民的社区文化。这样的街道空旷、危险，而且物理、社会和经济相互隔离。她认为，传统街道有经济活动、社会交往和稳定人流，即使存在社会经济问题，也能给人以社区的感觉。[54]雅各布斯认为，街道的社会功能大于其作为车辆交通渠道的功能，在此基础上，她反对现代主义建筑和规划。她认为街道的机械观具有局限性，会破坏城市环境。

20世纪60年代到80年代，许多人开始考察街道，了解其运作方式，最终认识到城市生活就如同街道生活，一直在继续。[55]阿普尔亚德评估了车辆交通对社会连通性的影响，[56]而鲁道夫斯基试图指出，令人愉快的街道对于充满活力的城市体验至关重要。[57]阿兰·B. 雅各布斯于1993年在《伟大的街道》[58]一书中探讨了世界各地的街道，试图找出"伟大街道"的特点和经验。雅各布斯使用剖面图和平面图来考察街道空间，与本书采用的方法极为相似。虽然他主要进行文字描述和定性分析，但是也采用了剖面图来评估空间特征。人们仍然对街道及其在城市生活中的作用持有兴趣，出现了大量关于街道设计的研究和材料，既有诸如《新公民艺术》[59]这样的新城市主义书籍，也有政府设计指南，如芝加哥交通部门的《芝加哥街道大全》[60]或英国运输部的《街道手册》[61]。

分析街道及其构成是城市设计的基础。仅靠简单地记录物理因素无法了解街道，因为这些有限的信息无法捕捉复杂的社会和经济因素并体现它们的影响。然而，仔细分析其物理特性，可以更好地了解街道。物理分析无法解释街道为什么有那些用途，但是可以发现活动框架，有助于说明街道是如何开展和支持活动的。如果街道是城市的基本组成部分，那么详细了解街道的材料特征对于建立城市设计的操作性知识至关重要。虽然从具体分析中提取普遍原理有其局限性，但是街道分析有利于人们广泛了解城市、解决具体设计问题以及收集宝贵而有用的信息。

一种补充工具

随着建筑学科的发展，剖面图成为人们理解空间问题的工具。街道剖面图的使用至少可以追溯到19世纪的巴黎，从事新型工业化街道的设计师们使用剖面图来研究街道的构成及它们之间的关系。而使用剖面图来考察城市结构的历史较短，最突出的例子是上述新城市主义的横断面图及其垂直组织模型。今天，设计师们仍然使用街道剖面图，用图表和比例图来表达和检测街道配置。本书提出的方法简单而直接地补充了这一做法。

本书方法的第一个核心原则是进行城市和街道的剖面研究时要严谨。有许多例子描述、观察并讨论了街道及其形成的城市肌理。该方法认为，进行规范调查能提供有用的信息，反之则不能。该方法使用固定流程对给定情况进行两种尺度的考察，即分别对城市整体和特定街道进行宏观和微观的考察。

本书方法的第二个核心原则是比较分析。比较从两种情况收集到的一致信息，能够发现异同点和普遍概念，最重要的是发现每个案例的独有特征。进行比较分析，还能够规范地阐述假设，并且要求仔细考虑隐式判断，因为仅评论个案时，可能不会考虑到隐式判断。

通过使用世界各地城市的一组剖面图和平面图，能够在宏观上支持比较分析。本书方法还呼吁使用者构建一张所考察城市的平面图和剖面图，并从所提供的组图中选择一张平面图和剖面图进行比较。构建这些图纸的做法显然可以巩固和扩展使用者对研究对象的认识。与另一座城市进行比较时，可以观察水平和垂直两个维度的空间模式。比较模式相似的两座城市，可以展现两者的共同特点，并突出每座城市的独特空间结构。比较基本模式不同的城市，可以明确每种城市形态的独有特征，并说明该类型城市的基本特征以及不同的城市肌理可能出现的相似之处。

在微观上，该方法比较分析个别街道的形式。首先，构建待考察街道的比例剖面图和平面图，接着通过一个确定的分析流程来收集一组特定信息：使用一套标准化工具，每种工具都强调街道物理特征的某一特定层面，仔细考察每个特定层面，并获取街道的基本信息。每条信息整合起来就形成了对街道的综合理解。搞清楚每条街道的具体要素及其相互关系，能够知晓其所形成街道的形式特性和空间特征。

然后，系统研究所选街道的图纸和本书提供的街道图纸，并在此基础上进行比较分析。逐层调查每条街道并比较各个层面，发现对应和不同。与城市的比较分析一样，比较分析个别街道可以发现街道基本运转的共同要素。每条街道的要素处理方式反映了街道的组织和结构。比较时发现的街道差异也能说明每条街道的基本属性，明确每条街道为何具备其独有特征。对照两条街道的知识和信息，会引发人们再度思考并提出质疑，从而扩大和深化人们对每条街道的认识。

该方法用途广泛，无论是探索某一特性的个体设计师，还是对探索一般城市条件感兴趣的人士，都能使用该方法。在面临城市设计任务时，设计师可以使用该方法来详细了解设计问题的背景环境。在宏观上，人们可以使用该方法读取周围结构的街道状况，有助于他们确定其对邻近街道的回应及影响。宏观层面的分析也可以用来考察一片区域的空间结构，有助于确定其规模，并可能发现其与城市形态重要方面的关系。

另一方面，该方法可以考察一般城市。人们可以通过考察一组城市平面图和剖面图支持大规模城市分析，研究不同城市的组织方式，探索对城市形态的一般理解。比较两座城市的垂直特性可以进一步了解气候的影响。可以对城市进行或抽象或具体的调查，也可以使用城市剖面图和平面图图集进行任何一种类型的分析。

在分析城市形态时，人们可以分析街道来进一步读取空间，纳入街道的垂直构成及其对感知的影响，对城市条件进行更广泛的评估。人们也可以研究世界各地现有的街道，找到街道共有问题的解决方案，或者了解具体街道的特质如何形成。

上述示例展示了该方法的可能使用范围，设计师和解决城市问题的相关人员也可能将其用作其他用途。本书的目标是增加城市研究的可用资源，以过往实践为基础，并拓展现有原则。利用基本工具，进行规范分析，观察城市和街道，才能进一步认识复杂的城市现象。

注释

1. Leon Battista Alberti (1988). *On the Art of Building in Ten Books*, translated by Joseph Rykwert, Neil Leach and Robert Tavernor. Cambridge, MA: The MIT Press.

2. Sigfried Giedion (1982). *Space Time and Architecture*. 5th edn. Cambridge, MA: Harvard University Press. pp. 82–106.

3. Ebenezer Howard (1946). *Garden Cities of Tomorrow*, ed. F. J. Osborn. London: Faber and Faber.

4. Camillo Sitte (1965). *City Planning According to Artistic Principles*, translated by George R. Collins and Christiane Crasemann Collins. London: Phaidon Press.

5. Le Corbusier (2008). *Towards an Architecture*, translated by John Goodman. London: Frances Lincoln Ltd. pp. 291–307.

6. Jane Jacobs (1993). *The Death and Life of Great American Cities*. Modern Library edn. New York: Modern Library.

7. Matthew Carmona, Steve Tiesdell, Tim Heath and Taner Oc. eds. (2010). *Public Places–Urban Spaces*. London: Architectural Press.

8. Ibid, pp. 6–8.

9. Lewis Mumford (1961). *The City In History*. London: Secker & Warburg. p. 347.

10. Giedion, op. cit., pp. 133–158 & 708–739.

11. Mumford, op. cit., p. 427.

12. Ibid, p. 497.

13. Sitte, op. cit.

14. Ibid, pp. 39–53.

15. Le Corbusier. (1971). *The City of Tomorrow and Its Planning*, translated by Frederick Etchells. London: Architectural Press and Le Corbusier. (1967). *The Radiant City*, translated by Pamela Knight, Eleanor Levieux and Derek Coltman. London: Faber and Faber.

16. Jacobs, op. cit., pp. 5–34.

17. R. K. Jarvis. (2007). Urban environments as visual art or as social settings? A review. In: Matthew Carmona and Steve Tiesdell eds. *The Urban Design Reader*. Oxford: Architectural Press. pp. 28–30.

18. Aldo Rossi. (1982). *The Architecture of the City*, translated by Diane Ghirardo and Joan Ockman. Cambridge, MA: MIT Press.

19. Leon Krier. (1977). The City Within the City. *A+U*. Nov., pp. 69–152.

20. Ian McHarg. (1969). *Design With Nature*. New York: The Natural History Press.

21. Mike Jenks and Colin Jones eds. (2010). *Dimensions of the Sustainable City*. Chester: Springer. pp. 4–5.

22. Patrik Schumacher. (2009). Parametricism–A New Global Style for Architecture and Urban Design.

AD Architectural Design. 79 (4), pp. 14–23.

23. Spiro Kostof. (1991). *The City Shaped–Urban Patterns and Meanings Through History*. London: Thames and Hudson. pp. 186 & 132.

24. Giedion, op. cit., pp. 91–106.

25. Kostof, op. cit., pp. 216–217.

26. Ibid, p. 152.

27. Ibid, p. 234.

28. Howard, op. cit., pp. 52 & 53.

29. Giedion, op. cit., pp. 789–793.

30. Le Corbusier. (1971). op. cit., pp. 159–178.

31. Le Corbusier. (2008). *Towards an Architecture*, translated by John Goodman. London: Frances Lincoln Ltd. pp. 214–215.

32. Kostof, op. cit., pp. 209–211.

33. Le Corbusier. (1967). *The Radiant City*, translated by Pamela Knight, Eleanor Levieux and Derek Coltman. London: Faber and Faber.

34. Colin Rowe and Fred Koetter. (1983). *Collage City*. London: MIT Press.

35. Kostof, op. cit., pp. 276–277.

36. Volker M. welter. (2002). Biopolis: Patrick Geddes and the City of Life. Cambridge, MA: MIT Press. pp. 60–66.

37. McHarg, op. cit.

38. McHarg, Ibid, pp. 7–17.

39. Elizabeth Plater–Zyberk, Gianni Longo, Peter J. Hetzel, Robert Davis, Andres Duany, and Elizabeth Plater–Zyberk (Firm). (1999). *The Lexicon of New Urbanism*. Miami: Duany Plater–Zyberk Sect A 4.1–4.2. & Co. and Andres Duany, Elizabeth Plater– Zyberk and Jeff Speck. (2008). *Smart Growth Manual*. London: McGraw Hill.

40. Mumford, op. cit., pp. 347–350 and Kostof, op. cit., p. 60.

41. Spiro Kostof. (1991).*The City Assembled–The Elements of Urban Form Through History*. London: Thames and Hudson. pp. 213–214.

42. Mumford, op. cit., p. 349.

43. Mumford, Ibid, pp. 386–391 and Giedion, op. cit., pp. 143–144.

44. Kostof (CS), op. cit., p. 256.

45. Kostof (CS). Ibid, pp. 215–216 and Mumford, op. cit., pp. 345–347.

46. Ibid, p. 230 and Ibid, p. 388.

47. Giedion, op. cit., pp. 762–765.

48. Ibid, p. 775.

49. Sitte, op. cit.

50. George R. Collins and Christiane Crasemann Collins. (1986). *Camillo Sitte: The Birth of Modern City Planning*. New York: Rizzoli. pp. 78-82.

51. Le Corbusier. (1971). op. cit., pp. 11-18.

52. Nan Ellin. (1999). *Postmodern Urbanism*. New York: Princeton Architectural Press.

53. Joseph Stubben. (1907). *Der Stadbau*. Stuttgart: A. Kröner.

54. Jacobs, op. cit., pp. 5-115.

55. Ibid. p. 37.

56. Donald Appleyard. (1981). *Livable Streets*. Berkeley: University of California Press.

57. Bernard Rudofsky. (1969). *Streets for People-A Primer for Americans*. Garden City: Doubleday & Company.

58. Allan B. Jacobs. (1993). *Great Streets*. Cambridge, MA: MIT Press.

59. Andres Duany, Elizabeth Plater-Zyberk, and Robert Alminana. (2003). *The New Civic Art*. New York: Rizzoli.

60. Chicago Department of Transportation. (2013). *Complete Streets Chicago*. Chicago: Chicago Department of Transportation.

61. U. K. Department for Transport. (2007). *Manual for Streets*. London: Thomas Telford.

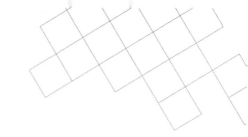

C第hapter
T章wo 城市剖面图
The City Section

　　在调查具体城市条件和一般城市形态的品质和特征时，使用大比例尺城市剖面图有很多好处。大比例尺城市剖面图能展示垂直结构、基本剖面关系、地形与建成形式之间的相互作用、城市规模、水平和垂直组织之间的相互作用，并能推进人们对城市的解读。一座城市的垂直结构会突出重大高度变化，而读取此类关系则能看出该维度如何影响城市的空间特征，或有可能识别发展阶段。分析城市的平面特性是了解城市状况的重要方法，再结合剖面信息，分析就变得立体，从而形成更全面的理解，补充了重要的知识层面。紧凑的平面图并不能直观体现某个建成之所是三层建筑还是塔楼。如果城市分析是为了清楚地了解物理状况，那么在大规模调查中添加垂直信息就是一个关键的改进。

　　和大规模垂直关系一起成为城市思想的是帕特里克·盖迪斯的作品。他采用渐进式量表，将地形、地理环境与经济活动和人类居住区的形式联系起来，把垂直要素这个观点引入城市分析。盖迪斯的观点非常特别，也过于复杂，在本研究中无法进行详细讨论。但是有一种观点对城市分析具有重要的意义，即人类居住区的空间配置与当地住所的物理特征之间存在联系，并能在剖面图中得到最好的体现。[1]

横断面图通常被称为"山谷剖面图"，可以传递盖迪斯的观点，即人类与周围环境之间具有自然的"生态"关系。盖迪斯认为，从生存的基本形式到城市社会的最发达形式是自然的发展过程。这反映在山谷剖面的排序中：采矿业出现在山区，那里地势较高，没有建筑物，无法居住，接着农民和小型城镇群占据了农业平原，最终发展到建筑物林立的沿海城市。山谷剖面图说明了盖迪斯的观点，即一个地方的物理特征、这个地方环境的自然经济职业与最适合二者的居住区形式之间存在关系。这些概念以地形、建筑形式、植物类型、工具和职业名称等视觉符号表示。[2]

盖迪斯认为，住所、职业和居住区形式之间存在联系。山谷剖面图在视觉上呈现了盖迪斯的这个观点，并有序地呈现出一系列不同规模的联系，将其看作相互作用、互相连接的整体，这也是山谷剖面图所要传递的关键思想。最重要的是，山谷剖面图提议用空间顺序来构建遭受人类干预后的环境系统。

地点是人类活动和建成形式之间的联系。这个观点出自盖迪斯复杂的信念体系，他思考人类与生活的关系，其核心思想是相信个人和集体会在居住区的物理事实和观念界定中获得和解。盖迪斯认为，地点、活动和文化是相互生成、相互影响的，如果关系得当，会形成自然平衡的人类居住区。[3]

盖迪斯的山谷剖面图概念受到了启蒙思想的影响，其相信社会是发展进化的，也受到了他的朋友，生物学家查尔斯·弗拉奥关于植物群落和社会物种理论的影响。[4]盖迪斯从山区到沿海，对山谷剖面进行了排序，历经所谓文明的发展阶段，从而建立起他的"自然"秩序，并展示前一群落对后一群落的影响，直到走向当前文明的终极体现——城市。[5]盖迪斯在山谷剖面图中解释了植物群落的思想，为他的构想提供了生物学基础，即一个相互联系的居住区网络能形成大面积的人类住所"生态"系统。[6]

以上是对山谷剖面图的一些主要思想的有限总结，不过对于本讨论来说，最重要的是剖面图中这些思想的空间化。在考虑所呈现的空间关系时，图表注重垂直维度，并明确说明，要讨论人类居住问题就需要综合读取水平和垂直信息。图表表明，地形变化加上人类活动会影响居住区的形式。图表的剖面特征还描绘了每种居住区类型的范围和规模，虽然也是二维呈现，但是其所包含的信息层面与平面图不同。我们在每种居住区形式内，形式与形式之间，以及形式与景观之间读取垂直变化。除此之外，尽管从山顶到沿海城市的排序准确性可能受到质疑，但是图表提出了一个观点，即高度从人口相对稀少的农村到人口稠密的城市有序推进。只有剖面图才能揭示，人口密度的增长会带来垂直形式和足迹的增长。盖迪斯的山谷剖面图还指出，建成环境中存在垂直结构，并认为垂直关系是概念模型的重要方面，强调在讨论重要关系时必须同时考察垂直关系和水平关系。

新城市主义在进行城市规划时采用了横断面概念，这是其在城市设计领域最重要的应用。位于迈阿密的建筑规划公司——杜安伊和普拉特-兹伊贝克公司的安德鲁斯·杜安伊提出，在城市规划中使用横断面模型来构建有意义的关系。新城市主义的横断面以农村到城市的发展为基础，构建建成环境，包括一系列共六个使用和密度特征区域。第一区，即T1，为农村保护区，是不适合开发的区域或公共莽原区。第二区，即T2，为农村储备区，这里的土地由于农业、林业或自然资源的开采而是产出性使用的土地，因而该区域是发展受限的区域。第三区，即T3，为近郊地区，主要构成为低层住宅和单一用途的商业开发区。第四区，即T4，为一般城市区，由较为密集的城市肌理组成，主要构成是居民住宅，建筑形式多样，既有单户住宅也有多层公寓楼。第五区，即T5，为城市中心区，密度高，街道格局紧凑，多层建筑中混杂着住宅、零售商店等元素。分类系统的最后一个区域是T6，为城市核心区，密度最高，有着多种用途的建筑，是城市及该地区的文化、政治和社会中心。[7]分类系统旨在组织城市形态的各个元素，包括地块面积、建筑物、土地利用、街道网络等，并形成连贯一致的城市环境。[8]

杜安伊认为横断面是一种自然规律，[9]可以作为模型，组织建成环境成为"连贯和谐的自然和人类环境"。[10]新城市主义者认为，可以用横断面将人类居住与环境条件结合起来。新城市主义的横断面概念中还有一个有效层面是该模型对"沉浸式环境"的支持：[11]协同所有物理组件，形成一个连贯而清晰的环境。[12]新城市主义横断面清晰明了，呼吁人们运用常识理解城市的密度元素和城市规划的运转方式，成为城市规划者的强大工具。

新城市主义横断面关注以下方面：建筑师和设计师以熟悉的方式利用剖面思想，即采用剖面图的惯用技巧来传递城市空间关系。新城市主义横断面提出了理想化的图表，是城市配置方式的模型，也表示人们可以利用剖面信息来了解城市的实际构成。利用横断面概念读取区域差异，辨认城市连续体内各个区域的平面和剖面密度，突出了一个看似明显的观点，即某一城市区域的空间特征及其与其他区域的关系对城市体验的品质有重大影响。为这些方面建立分类法，并强调使用分类系统来建立连贯一致的城市结构，表明了进行城市形态分析的必要性，也为人们提供了可能的分析框架。

本书中的大比例尺城市剖面图为考察世界各地的各种城市形态提供了手段。分析这些城市的方法并非直接来自新城市主义的横断面模型，但是也确实受到它的影响。使用城市剖面图来获取城市信息，这一观点拓展了街道剖面法，通过仔细读取剖面信息，进行比较分析，能够获得更加深入的理解。对垂直数据的调查则揭示了关于具体城市及一般城市形态的重要知识，从中获取的信息关注面虽然极为狭窄，但是能对人们理解城市做出宝贵的贡献。

城市类型

为了构建本书关于大比例尺城市剖面图使用的讨论框架，这里简要概述一组城市类型：有机城市、迷宫城市、18世纪的规划城市、巴洛克城市和网格城市。选用这些术语是因为大多数城市可以用其中某一术语来大致确定，而且这些术语通常被广泛地用于讨论城市形态的特征。这些术语绝不具有决定性或排他性，也不涵盖所有城市，但是它们确实为我们提供了一种简单的分类形式，有利于对城市类型进行综合比较。

有机城市遍布世界各地，其特征是由于长期无规划地扩张，导致组织无规律、空间复杂化。建成形式和自然特征之间的相互作用极大影响着这种形态的许多城市。

迷宫城市通常与伊斯兰文化联系在一起，并在构建城市共享空间时仔细考虑了宗教问题。这种城市形态由于本质上受到强烈控制，往往迷失在迷宫城市丰富的视觉和空间品质中。这种城市形态是保护性的，同时服务于设防的共同安全需求和隐私的亲密需求。

18世纪的规划城市是对欧洲有机城市的密度和局限性的时代回应，其目标是给混乱、快速增长、重商主义的欧洲城市带来秩序，通过有组织、有系统的规划，大片土地得到快速发展。同时，它也符合欧洲启蒙思想的文明发展趋势，并与资本形成和资本投资的剧烈变动互为支持。

巴洛克城市同样是对中世纪有机城市的时代回应，表面上它更注重审美原则，追求更美丽的城市环境。显然，有序、美丽、平衡和高贵的艺术风格确实产生了强大的视觉和空间品质。尽管如此，笔直宽阔的街道从大型公共空间向外辐射，也清楚地表达出中央集权政府的权力和权威。

不论是古代罗马，还是古代中国，网格影响着城市的形态，并是公认的管理与组织的工具。网格城市具有统一性和可扩展性，其中的网络可以快速和清晰地形成居住区，并提供一个明确的框架，对难以管控的地区进行控制，还可长期根据需要进行填充。

为了说明该分析方法，本书都会选取一座城市作为上述每种城市类型的代表，并使用大比例尺城市剖面图进行考察，研究每座具体城市的特定剖面特征，并考察剖面图和平面图来解释其空间品质。为每座城市绘制城市剖面图时，选取的地点与该城市的组织结构相关，以能够获取重要的垂直信息为宜。每座城市的剖面图都尽量覆盖城市，尽可能穿过重要区域，尽可能延伸到并体现主要的剖面变迁。观察每种城市类型，使用类似的城市剖面图进行比较，可以发现它们的异同之处，有助于人们更广泛地了解城市形态和空间。

使用城市剖面图进行描述性分析

选取热那亚作为有机城市类型的代表，是因为其古城核心具备有机城市形态的典型特征。热那亚从一个小渔村发展成大型港口，贸易网络遍布地中海沿岸地区，形成繁荣昌盛的商业社会。这种经济活动发生的背景是分散的政治环境对安全的长期需求。热那亚以港口为中心，密集、拥挤、没有规划，发展时受到一连串防御墙的制约，最终止于环城的山丘。研究城市平面图，能够轻而易举地察觉出这种发展模式，但是平面图没有展示地形与建成城市之间的大量相互作用，亦没有展示城市夸张的垂直性。在这座古老的城市里，空间层次相互叠加，这既是由于城墙导致了密度的变化，也是受到了地形特征的影响。陡峭的山丘被占用，其间的山谷也林立着多层建筑。

热那亚城市剖面图（见图2.1）体现了建筑形式的分层和对地形的响应。剖面图揭示的另一个层面是，位于古城核心的街道具有极强的垂直空间。许多有机结构的例子都跟热那亚一样，密集、街道狭窄且没有规则，这在城市平面图中可以明显地看出来，但是热那亚街道的独特品质要靠剖面图展示。六七层高的建筑物之间，伸一只手臂就能够着，形成了强大的空间结果。剖面图中这些陡峭的狭缝空间定义了热那亚的垂直结构：从河边开始，山丘越来越陡峭，紧凑、狭窄的高层建筑物层层叠加。这种垂直状态和垂直特性的紧凑感形成了一座小型城市，街道狭小，大部分空地也是紧凑的。读取剖面图时能够体会到城市的主要建筑也是紧密相连，小型流通空间挤在建筑群中间，偶尔会出现一道开口；那些静立高耸的公共空间是教堂的尖塔或圆顶。同时读取热那亚的剖面图与平面图，则情况更为复杂，使用者能更为清楚地了解空间、肌理密度和建筑美感。能够看到建筑物要么顺着山势而上，要么挤压在谷地，说明了热那亚空间的复杂性，建筑

0 100 250 500   1000m

图 2.1
热那亚城市剖面图

集聚而光线单薄。结合剖面图考察这座有机城市，能够发现有机生长加深了空间和形态的深度和复杂程度。综合平面图和剖面图，能够了解城市规划的发展、妥协、时间和深厚的文化底蕴。

使用大比例尺剖面图考察热那亚的空间，凸显了这座城市独特的空间特征。狭小蜿蜒的街道和光影的强大效果创造了这座城市夸张的形态和空间，形成了独特的城市环境。对剖面图和平面图进行分析，我们能够发现不规则网络的作用，加上地形的双向推拉，城市结构出现了分层和交错。技术层面的考虑和减轻烈日影响的需要，显然影响着城市的配置，特别是建筑的布局，但是同样明显的是，影响城市配置的主要因素还是有限的面积和安全的需要。围墙内的每一个连续层的每一寸可用的地面都被占用，甚至连具有挑战性的斜坡也被利用起来了。缺乏整体管理，加上土地有限所导致的压力，形成了热那亚独特的城市形态和强大的空间品质。当地空间狭小，能使居民之间产生集体感，而公共场所的公共和商业交流活跃。

选取摩洛哥城市非斯来讨论迷宫城市类型，是因为非斯是著名的伊斯兰文化中心，能够很好地说明对安全保护需求的关注如何成就一座复杂的迷宫般的城市——这种城市形态是保护性的。非斯成立之初是两座城墙环绕的城市，后来才合并、扩建，并且因为卡拉维斯因大学而成为伊斯兰学术的重要中心。伊斯兰法学界的一个主要领域是研究建筑物的建造规则及与此相关的各种问题。这些规则来自人们对先知穆罕默德的行为及书面言论的解释以及最重要的对《古兰经》的解释。[13]其法律体系规定了建筑的责任和权利，首先是跟近邻相关，但是也包括整个社区。从共享公共空间的控制到污水和水等资源的管理，这些问题都得到宗教的关注，目的是建成一个公正、道德、健康的社区城市。伊斯兰社会的一个独有特征是对家庭的关注，将家庭作为宗教团体的基本单位。再加上伊斯兰社会的隐私观，他们把家庭的亲密空间当作宗教庇护所，其结果就是伊斯兰城市成为模块的集合，这些模块关注内部，聚集形成城市肌理。非斯就是这样的典型，它的房屋密集成群，围着围墙，形成了紧凑狭小的公共通道，形成了清真寺和穆斯林学校周围的保护性商业拱廊，也形成了极为有限的公共空地。[14]

非斯城市剖面图（见图2.2）展示着城市形态的基本组成，建筑群密集而连续，有着狭长的垂直切口。非斯是一座水平城市，主要由紧凑的垂直方向的三层建筑组成，入口挤在墙与墙之间。流通空间小而狭窄，相对低平，在剖面图中读取为浅层切口，而非深层裂缝。地形整体平坦，强化了城市的水平性。这座城市位于中阿特拉斯山脚的平原上，地势平坦，没有对主要的地形高度变化做出回应，而是均匀分布在平原上。平原上方覆盖着城市肌理，河流主要流经此处。地形的相对统一成就了城市的水平特征。非斯的规模是紧凑的，基本上是家庭化的模块；尽管非斯被读取为密集的空间，但是它的建筑群体内部高度有限，空间不大，为细粒度规模。许多小型模块挤在一起，凑成整体而

0 100 250 500   1000m

图 2.2
非斯城市剖面图

形成这样的城市规模。在非斯城市剖面图里，三层建筑占主导地位，几乎没有挑出空间，强调着城市的统一性。虽然非斯有一些垂直变化，但是整体受到水平性的抑制。虽然剖面图显示非斯边缘有一些空地，但是古城核心只有狭小的流通空间穿过城市主体。

使用大比例尺剖面图考察非斯的空间，能够表明这座迷宫城市的具体空间品质。统一的形态，一致的城市规模，加上建筑之间纤细的空间，突出这座城市的狭小。结合平面图提供的信息，剖面图提示出空间结构的微妙之处，在宏观上呈现出对应的建成部分，又在微观上表明了围合空间的主导地位。毫无疑问，材料的考虑对形成低矮密集的城市形态有一定影响，如采用砖石结构、如何遮阳等。然而，对于非斯这座城市，在建筑和社区的观念和监管方面，显然是宗教信仰的影响最为深刻。剖面图表明内部空间如家庭是主要的空间形式，而平面图则表明建筑群位于可控入口周围，二者都强调了家庭私人空间的重要性以及伊斯兰城市迷宫形态的保护本质。

格拉斯哥是18世纪的规划城市的典范，因其历史上曾利用了启蒙思想，以试图控制这一时期由于商业活动剧增所带来的经济增长。[15]从18世纪初开始，为了能够有计划、有节制地发展，格拉斯哥采用了多种手段，如规范贸易法、努力改善卫生条件以及规划公共建筑和直线街道。[16]虽然格拉斯哥的初始城市类型是典型的中世纪苏格兰居住点，[17]从大教堂下坡，沿着商业街一直延伸到河流浅滩，形成城市。但是在18世纪，这座城市反向发展，从河流边缘向山上和西部延伸。格拉斯哥网格状的街道格局、石灰岩房屋和商业街区打造了一个规则而清晰的城市肌理。城市的空间品质反映了网格的顺序，街道正面极其均匀，形成了许多包容、清晰的街道体块。尽管那些建筑物既有始建于18世纪的，也有建于现代的，但是18世纪的框架造就了一座整体规模中等的城市。形成了独立

图 2.3
格拉斯哥城市剖面图

街区的建筑物底部可以穿行，成就了活跃的街道形式，这使格拉斯哥的公共空间具有正式而规则的特点。

　　格拉斯哥城市剖面图（见图2.3）呈现了几何平面图的效果，街区群落表现出均匀的网格，街道的统一间距使城市整体呈现出水平特征。从剖面图中也可以清楚地看出格拉斯哥的垂直结构、各个建筑形式之间以及它们与整座城市之间保持着稳定的关系。格拉斯哥的垂直结构基本上是恒定有序的，是由建筑群与街道空地之间的精确关系界定的。剖面图还展现了城市与地形之间具体的相互作用。格拉斯哥的建筑大致保持垂直基准，即河边的建筑物最高，随着城市地势的抬升，建筑物的高度就降低。一个人从河边开始往上爬坡，城市却在下降，形成独特的空间体验。基准的空间规则与网格的几何控制相结合，产生了城市强大的水平特征。剖面图显示，格拉斯哥规模适度，城市肌理中等，清晰易懂。统一的网格、带着街墙的街道、周边的街区、与地形的关系，以及中等高度的建筑物共同造就了这种城市规模。因为建筑群与街道空地之间比例适当，整体呈水平

0 100 250 500   1000m

方向，所以城市规模是令人舒适的。即使是较高的建筑物，品质也经过考量，相当人性化。

教堂或市民机构等地标性建筑破坏了格拉斯哥最初统一的肌理，这在今天看来并不那么明显。格拉斯哥城市剖面图说明这座城市具有规律的空间结构，而在垂直方向上有一些变化，这些变化来自年代较近的多层建筑，但是我们却很难将其归为空间符号。当代格拉斯哥的特点是建成形式均匀，个性空间有限。可以说，这是由于18世纪的规划城市在根本上对几何结构进行了控制，这一构想在19世纪得到了实现，并在20世纪受到干预时得以延续下去。

使用大比例尺剖面图来考察格拉斯哥，揭示了18世纪的规划城市的框架，即有序、人文的城市空间。剖面图中的垂直信息可用以解释这一规则组织中的三维品质。剖面图中可读取的建筑物高度和群落展示出街道的包容性和城市形态的精确比例。格拉斯哥城市剖面图表现出均匀的间距、建筑物高度与地形的一致关系、平衡的构图以及城市设计的人性化，这是其受18世纪的规划城市类型影响的结果。这也与启蒙思想息息相关，这种城市类型认为理性可以用于调节人类活动，改善社会和物质现实。

选取巴黎来考察巴洛克城市类型，因为它长期运用巴洛克原则，且应用实例最为连贯一致。从16世纪末开始，一直到19世纪中期，巴黎实践着巴洛克城市规划理念。最早是在中世纪的城市结构中嵌入巴洛克规划，后来则利用城市扩建，进行增补，整个城市最终在奥斯曼庞大的完整转型计划中达到巅峰。[18]最早的例子之一，即1605—1612年的皇家广场（现在的孚日广场），使用了有序、和谐、平衡的文艺复兴概念来为政治服务，用以维护王权的中心地位。这是巴黎改进方案的作品之一，凸显了其作为首都和王室住所所在地的地位。[19]虽然路易十四离开巴黎，在凡尔赛打造了另一部大型的巴洛克作品，但是他在位期间仍然为巴黎增添了主要的巴洛克建筑。从胜利广场和旺多姆广场到拆除城墙、收回土地，并建造新的林阴大道，巴黎的巴洛克改建和扩建连贯一致。[20]巴黎最后也是范围最广的巴洛克变革发生在19世纪中叶。当时，奥斯曼利用巴洛克设计原则来重新配置巴黎，制定了连贯一致的城市规划，既表达了权力，也表现出其效力。巴洛克美学的应用使这座城市坐拥街景、大型视觉焦点、景观街道、几何形状的公共空间等。人们有意让公共领域变得明亮、有序、雅致，也因此塑造了巴黎。宏伟的公共建筑，加上开阔的林阴大道，形成向外辐射的几何图案，传达了这个时代法国社会的等级结构。国王变成皇帝，权力经济却几乎没有发生改变，国家中央集权依然控制着法国。[21]

使用大比例尺剖面图考察巴黎，并不能展示巴洛克城市规划的主要特征，因为这些特征更容易在平面图中体现出来。在平面图中展现出的对角线大道、几何空间和对称建筑形式等出彩的巴洛克设计的特征在剖面图中无法展现。剖面图描绘的是建筑物的规模以及其与城市的未建空间和垂直结构的关系。通过剖面图可以看出这座城市的整体水平特征，建筑群形成充足的空地。虽然剖面图显示部分地区建筑密度较大，但是巴黎整体拥有大量空地，多数建筑物的间距很宽。剖面图还表明，巴洛克街道的空间体块很大，巴黎的街区建筑通常有六层，两侧各有一个宽敞的水平空间。巴黎的地形相对平坦，使这座城市具有水平特征，只有几处著名的高点。这种平坦的地形成就了有效的巴洛克街景，可以形成观景长廊，不受高地平面的阻碍，而从中心点朝多个方向辐射，强化了巴洛克对表达无限空间的追求。[22]

巴黎城市剖面图（图2.4）展现了一座规模宏伟的开阔城市。建筑群与空地之间的比例富有开阔感，建筑物的规模也给人以正式感和分量感。这种规模不是漫无边际、压倒一切的，而是实在、持久、连续的。剖面图的空间符号来自大片的开阔空间，建筑物之间的空间传达了城市形态的美感。平面图中所强调的空间在剖面图中就表现为由统一的建筑群体构筑的体块。

利用平面图和剖面图读取巴黎的空间，可以看出城市规模的庄严。显然，公共场所和街道是开阔、雅致的，而建筑形式是连续、统一、丰富的。剖面图说明城市形态具有连续性，而空地与建筑群处于平衡状态，从而阐明了有序关系的重要性，这正是巴洛克城市设计思想所重视的。尽管巴洛克城市设计的几何平面图案在二维图纸中永远无法得到完整而充分的体现，但是剖面图所展示的体块和规模有助于体现巴黎巨大的空间感。

芝加哥的城市形态极好地说明了网格城市类型。芝加哥的网格最初被用来调控自然，但是最终成为获取经济利益、组织土地开发的手段。网格始于密歇根湖湖畔，并向西扩展，连续几波扩展都并入网格的扩展机制。网格的主要特点（可扩展性、灵活性、统一性、连接性和可读性）[23]使其成为城市投机发展、划分新地区的有效手段，成就了芝加哥的爆炸性物质增长。芝加哥的网格中最初都是木制的低矮建筑，但是在1871年火灾

0 100 250 500   1000m

图2.4
巴黎城市剖面图

之后，随着各种现实需求的持续增长，结构工程实验和建筑技术最终成就了摩天大楼，芝加哥的网格呈现出垂直维度。[24]摩天大楼成为网格进行垂直扩展的体现，这一幕确实诱人。水平网格大量延伸，并以高层建筑的核心为中心，这种城市形态成为城市规划的新构想，对城市思想和全球城市产生了巨大的影响。惊人的垂直性、宽阔的街道、规则的街区，形成芝加哥极为特别的城市品质。与一些城市拥挤狭窄的街道不同，芝加哥的街道虽然垂直，但并不黑暗，也不逼仄，宽阔的车道和宽敞的人行道极具开阔感。

芝加哥城市剖面图（见图2.5）所展示的垂直结构反映了这座城市的增长模式，位置对城市的影响和交通基础设施的嵌入显而易见。在剖面图的东部边缘，河流和高层建筑的核心之间，是一片平坦的公园绿地。这座滨水公园与芝加哥河水道之间聚集着塔楼。河流的西侧则由于受到东部河流和西部普通公路的牵制，塔楼和中层建筑夹杂。从高速公路再向西行，那一片区域的建筑物从6 ～ 8层楼高过渡到1 ～ 3层楼高，并延伸到城市边缘。剖面图展示了芝加哥核心区域的高度、构成城市主体的水平结构的过渡点、建筑物的高度以及构成这些变化的剖面要素。其中的地形变化虽然小，却是城市重要的分

0 100 250 500   1000m

2.5
加哥城市剖面图

界。地形与建成形式之间的重要关系体现在剖面图中。剖面图生动而形象地描绘了一种戏剧性的并置，一方面密集紧凑的市区对极为平坦的地形造成垂直推力，另一方面中低层建筑网格规律地向西延伸。正是因为在一大片平地之中垂直结构格外引人注目，芝加哥才形成其独特的空间特征。剖面分析表明，芝加哥的另一个空间特征是城市形态的开放性。在平坦的地形中，网格形式促成了街道空间的统一性，并且富有规模感，形成了开放宽敞的城市结构，并在剖面图中得以展现。剖面图表现出芝加哥的规模之巨，这是由于这座城市有着大规模的核心区域和大范围的向西绵延数英里的低层建筑。网格中心尺寸大，而结构规模低矮，它们共同享有宽阔的街道空间，一垂直，一水平，成就了空地和大规模建筑群之间的特别比例。塔楼之间，那些高大宽阔的体块表明城市的垂直性没有受到牵制或挤压。而对于绵延数英里的1 ~ 3层建筑，街道空间同样宽敞，体现出街道规模的开阔性、可扩展性和水平性。芝加哥的空间符号留给了市中心的尖顶。东部是平坦的湖泊，西部是低矮的建筑物，这组高层建筑群拔地而起，清楚地标志着城市的经济、文化和物质中心。剖面图清楚地展现了该空间符号及其对城市的意义。

　　使用大比例尺平面图和剖面图考察芝加哥，所获取的信息明确展现了网格作为城市组织手段的效果。简单而直接的网格有利于城市进行流畅操作、快速识别以及登记在案；城市可以迅速组织大片土地，建立易于传播的所有权制度。芝加哥的空间结构体现了网格结构在城市中的中立性和统一性，网格覆盖面积大，可垂直增量，也可水平增量。街道空间和建筑群的比例及其打造的城市规模，富有开阔感，让人注意到网格的品质，即高层建筑具有核心、垂直、大型的属性，具有城市影响力，而在城市中心周围，水平扩张没有边界，具有随意性。人们认为芝加哥幅员辽阔，发展势头强劲，这种看法主要是由网格结构促成的，这也是网格城市的特征之一。

使用剖面图考察上述五座城市，可以更加彻底地了解具体城市的空间特征，并在一定程度上了解每种基本的城市类型。剖面图提供垂直数据，显示建筑物的高度以及它们之间的距离，由此可以理解街道的空间，或者发现空间轮廓的缺失。通过剖面图观察整座城市，可以发现其典型的建筑群和开放格局，可以注意到城市特殊的过渡点，揭示不同区域之间的关系。在剖面图中，建筑物和空地比例得以呈现，因此可以确定城市的规模。这些信息和其他信息对于了解城市的物理配置以及更完整地读取城市至关重要。没有剖面图所示的垂直规模，城市形态的重要层面就会缺失，关键的空间属性就很难或无法确定。除了拓展个别城市的相关知识，还可以更广泛地了解城市类型或一般城市形态。在考察芝加哥时，其网格模块和建筑间距说明了城市受基本监管机制的影响，并表明怎样仔细调整这些机制，以塑造空间品质，或嵌入物能对空间的宽幅结构产生什么影响。这种知识有助于人们进一步了解网格系统对城市环境的影响方式，为城市的运转提供额外的线索。比较两座城市的大比例尺剖面图也可能获取宝贵的知识，比如对比格拉斯哥与芝加哥，调查其异同点，可以获取关于两座城市物理形态和空间特征的清晰而有用的数据。格拉斯哥地形引发的垂直变化与芝加哥的平坦地形形成对比，表明网格响应了城市的组织形式和空间。上升地形和建筑群基线强化了格拉斯哥形式的包容性，而芝加哥的扩张响应了它所在的地形——湖泊以外是一大片草原。这种比较说明了网格界定和扩张的能力、网格的系统基础价值以及其带来的空间节奏的变化。人们还可以同时考察热那亚紧凑垂直的街道和巴黎的宏伟大道，一小一大进行对比，既能发现彼此的优缺点，还可以考虑各种配置的可能性。这些剖面图可以展示城市里光线和建筑群如何协作

以形成连贯的空间，或者如何修正现有运转不力的城市情况。使用城市剖面图考察城市

形态，探索个别情况、地形特征、基本城市结构和普遍城市原则，能够更深入、更全面

地了解城市，为宏观调查城市的物理层面提供明确而灵活的手段。虽然城市的物理配置

是大量复杂因素的一小部分，但是它直接影响着城市的使用和体验，突出了材料理解的

重要性，以及所有额外知识的价值。

注释

1. Patrick Gddes. (1968). *Cities in Evolution*. London: Ernest Benn Ltd.
2. Volker M. Welter. (2002). *Biopolis: Patrick Geddes and the City of Life*. Cambridge, MA: MIT Press. p. 60.
3. Ibid, pp. 31–34.
4. Ibid, pp. 61–62.
5. Ibid, p. 64.
6. Ibid, p. 70.
7. Elizabeth Plater-Zyberk, Gianni Longo, Peter J. Hetzel, Robert Davis, Andres Duany, and Elizabeth Plater-Zyberk (Firm). (1999). *The Lexicon of New Urbanism*. Miami: Duany Plater-Zyberk & Co. Sect A 4.1–4.2.
8. Andres Duany, Elizabeth Plater-Zyberk and Jeff Speck. (2008). *Smart Growth Manual*. London: McGraw Hill. p. 1.4 and *Ibid*, pp. A4.1–A4.2.
9. Andres Duany. (2002). Introduction to the Special Issus: The Transect, *Journal of Urban Design*, 7 (3), p. 253.
10. Ibid, p. 255.
11. Charles C. Bohl and Elizabeth Plater-Zyberk. (2006). Building Community across the Rural-to-Urban Transect [The Transect]. *Places*. 18 (1), p. 8.
12. Ibid, p. 9 and Emily Talen. (2006).Help for Urban Planning: The Transect Strategy. *Journal of Urban Design*. 7 (3), p. 294.
13. Besim Selim Hakim. (1986). *Arabic-Islamic Cities-Building and Planning Principles*. London: Kegan Paul. p. 16.
14. Stafano Bianca. (2000). *Urban Form in the Arab World-Past and Present*. London: Thames and Hudson. pp. 34–40.

15. Andor Gomme and David Walker. (1987). *Architecture of Glasgow*. London: Lund Humphries.

16. Tom M. Devine and Gordon Jackson. eds. (1995). *Glasgow: Beginnings to 1830*. Manchester: Manchester University Press, p. 114.

17. Ibid, p. 22.

18. Lewis Mumford. (1961). *The City in History*. London: Secker & Warburg. pp. 653–682 & 765–822.

19. Leonardo Benevolo. (1980). *The History of the City*, translated by Geoffrey Culverwell. London: Scholar Press. p. 655.

20. Ibid, pp. 664–666.

21. Spiro Kostof. (1991). *The City Shaped–Urban Patterns and Meanings Through History*. London: Thames and Hudson. p. 216.

22. Munford, op. cit. pp. 386–391.

23. Kostof, op. cit. p. 116.

24. "Chicago." *Encyclopædia Britannica, Encyclopædia Britannica Online*. Encyclopædia Britannica, Inc., 2013. Web. 12 Aug. 2013.

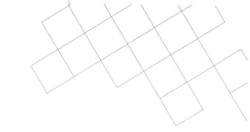

C第hapter
T三hree 街道
The Street

　　人类居住区出现时虽然没有街道，但是仍建议将街道作为"城市"的基本单元、城市的基石。可以将城市定义为一个物质、社会、经济和政治实体，源于共同的市民观念，即为了社区利益必须调整个人行为。如果城市是这种观点的最大体现，那么街道就是这种观点的物理表现。街道是为了实现流通和交往功能，由一组个体结构构成的共同使用的划定区域，既有社会性，也有物质性。在历史上，街道的确定过程有多种形式，这种过程既可以精心策划，也可能看似任意，但是都始于一种协议，即个人特权在特定的具体空间中受到社会效益的限制。[1]由单一个体所有的建筑群落，如果其公共空间不是公认的人人都能使用，那么它就是居住区，而不是城镇实体。对于那些没有明确公共空间的地方，这并不是否认其社区的定义，而是认为就城镇的定义而言，在物理上认可共享的公共场所至关重要。从根本上说这可能是规模问题。当共享同一块土地的人来自一个家庭，或者因为人数足够少而社会亲密度足以规范其行为时，正式的市民认可也许没有必要，也没有必要定义公关空间。然而，如果群体的规模和构成超越了这个范围，就需要共同理解，就有必要定义公共空间。要让每个人清楚，哪些空间他们可以自由通行，而个体私人空间又从哪里开始。[2]街道的这一本质，再加上城市无法脱离街道实体而存在的事实，使街道成为所有城市讨论的中心。[3]从最早的欧洲城市设计，到文艺复兴时期、巴洛克时期，再到19世纪晚期对中世纪格局的倡导，甚至到现代主义进行街道改造的尝试，街道设计一直是城市规划的核心。

街道除了具有严格意义上的使用和物理功能，也是一种社会工具。街道的实用设施有助于人们在多个层面进行社会参与。街道可以提供互动的场所，让我们与熟人、陌生人进行商业交流，安排娱乐活动，偶遇以及围观。[4]许多作者都注意到，街道可以支持人们进行社会互动，对创建活跃的社区也很重要，于是形成了城市设计理论与研究的一个主要分支。本书篇幅有限，无法对此类文献进行综述，但是仍然概括说明了此类文献对于街道的考察和设计人士的重要性。

最著名的是简·雅各布斯的长文，她探讨了街道在城市居民公共生活中的地位，颇有说服力。她指出，街道是一种社会性黏合剂，也是社会监管的关键机制，人们需要理解行为和交流相关层面的复杂信息。[5]伯纳德·鲁道夫斯基在他的著作《人的街道》中指出，不管是普通人还是大人物，不管是个人还是社区，街道都是他们的历史舞台。[6]唐纳德·阿普尔亚德在《宜居街道》中指出，街道空间在社区生活中发挥了重要作用，展现了车辆交通如何影响街道的社会互动，进而如何影响人们对所住街道和社区的看法。[7]早期的有助于人们进一步了解街道社会价值的文献还有《公众街道公众用》。这部文集指出，街道是公共资产，街道支持社交的方式直接影响着人的生活质量。[8]扬·盖尔曾在哥本哈根工作，后来出版的几部作品详细介绍了公共空间和街道可以为社会互动提供哪些方式。盖尔多年来进行了大量定量研究，并据此分析视觉、声音和交流如何影响社交以及社会活动机会如何形成社区场所。[9]盖尔仔细分析了社会行为，对"户外活动"进行分类，划分一系列社交类型，并说明了社会互动对人与社会的重要性。同时，他的研究还描述了公共空间的物理特征如何促进或抑制社交，并概述了怎样设计支持社会互动的空间。[10]这些书籍主要关注车辆交通对街道造成的破坏，它们坚持认为，关注人们利用街道进行社交的方式，对改善城市空间至关重要。还有更多的书籍也在帮助人们达成一些共识，如街道不只是功能性的，从前注重车辆交通的街道设计对城市不利，街道设计应包容每一位使用者。本书对考察街道社会层面的一些书籍进行了有限的讨论，以概述当代城市思想的发展，以及街道和考察街道的意义。

鉴于街道对城市设计的重要性，已有大量材料对其进行分析，并为设计人士和社区提供设计指导。这些材料包括城市设计师和建筑师提出的倡议方案、专业机构的最佳实践指南、政府机构执行的政策文件以及学术界进行的研究、出版的书籍。其中，考察和界定街道、了解作为城市单元的街道的物理层面等尝试与本书尤为相关。

20世纪60年代以来，人们认识到城市生活在很大程度上取决于街道生活，这成为城市理论的重要概念。[11]人们一直在反思街道，虽然过程缓慢，但是各种城市主张和努力越来越多地影响着决策者和公众。此类团体有很多，以下仅举数例，说明它们对制订街道设计所发挥的并且还在继续发挥的作用。

主张

美国精明增长联盟等组织主要倡导改变政府政策，解决美国建成环境相关的各种问题。联盟成员既有特定问题的倡导者，也有产业集团，他们致力于保护和改善美国国家、各州和地方各个层面的物理环境，并且一直强烈要求改变美国制定发展政策的方式。该组织的奋斗目标是发展应该保护资源，社会价值高于经济效益。该组织的团体之一是全国完整街道联盟（NCSC）。全国完整街道联盟的目标是修建能够提供全面综合交通网络的街道。联盟认为各级政府都要制定此类政策，并为争取实施此类政策的人员提供资源。这些政策基于这样一个理念，只有人来人往、活动频繁的街道才能打造更有活力的社区，而那些单调、喧闹、肮脏、以车辆交通为主、危险频频的街道则不能。全国完整街道联盟的政策制定了规划、设计和管理指南，目的在于为大家提供同样高效和安全的交通资源：行人、自行车手、公共交通用户、私家车和商业交通。这些政策注重建立一个综合全面的系统，为社区所有用户群体提供同等价值，其追求资源的有效管理，并鼓励在公共空间开展大范围社会活动，最大限度地为社区带来社会效益。全国完整街道联盟制定的示范法规汇集了由执业人员和政府机构汇编的一系列政策和最佳实践，制定了统一的方法，为所有用户群体规划和设计交通系统。这些咨询文件包括街道物理构成的设计参数以及有关人行道、自行车道、车道宽度、交叉路口设计和其他要素的指导。[12]近年来，像全国完整街道联盟这样的团体在倡导改革各级政府政策、制定新专业标准、转变行业团体态度以及改变公众预期等方面，都取得了显著的进步。越来越多的人因此认识到街道对于社会福祉至关重要，从而对街道设计的讨论产生了重要影响。

整改街道设计的另一个重要呼声来自新城市主义大会。该组织由一群建筑师和城市设计师创立，旨在推广替代方案，改变以汽车为基础的发展模式，对城市设计领域产生了巨大的影响。可以说，这个组织极其成功，它的许多工作为各国政府机构所采用，对学术界和专业领域产生了重大影响，并促成了大量研究，产生了许多真实案例。[13]在《新城市主义词典》和《精明增长手册》等出版物中，新城市主义原则提出要全面解决规划问题。新城市主义的核心立场是，如果以单一功能分区和重度车辆使用为基础制定发展规划政策，会造成恶劣的环境，既浪费资源又具有破坏性。新城市主义的基本原则是，建成环境应包括以下内容。

- 宜居街道应安排在紧凑的步行街区。

- 为各种年龄层和收入层的人们提供一系列住房选择。

- 学校、商店和附近的其他目的地可步行、骑车或通过公交服务到达。

- 对于确定的、人性化的公共领域，建筑物应该设计得当，能够界定并激活街道和其他公共空间。

其设计方法主要是以仔细考察以往案例为基础，并仿效历史地点的众多设计原则。新城市主义的主要倡导者安德鲁斯·杜安伊强烈主张使用横断面组织设计决策，利用农村—城市横断面，"从农村腹地到城市核心，随着密度和复杂程度的增加，建立一系列人类住所"。[14]与该讨论关系密切的是新城市主义对街道的兴趣，并为街道设计的各个方面做了详细的提案。这些书籍涵盖街道网络、街道配置、物理参数、街景、街道临街细节和停车位等诸多领域。[15]虽然有大量针对新城市主义宣称的历史主义观的批评，但是这些街道设计提案包含了众多有关街道物理构成的宝贵资料，并且相当了解这些物理构成如何协作形成一致的公共空间。这些书籍为街道的设计和分析提供了丰富的实用信息，值得所有对街道设计感兴趣的人士深入研究。与本书尤为相关的是对街道临街空间的分析

以及使用剖面图对临街类型进行分类并定义术语的内容。这些图表用来说明形式相关的
概念，并没有明确讨论空间问题，但确实指出了剖面图作为考察和传递街道的重要空间
信息的工具的价值所在。[16]

专业知识

同样对街道设计的相关讨论做出贡献的还有从业者协会和由政府官员组成的组织。
这些组织或团体活跃在从国家到地方的各个级别。他们发起倡议，向成员提供专业知
识，并向个人或公民团体等利益方提供咨询。美国各州公路及运输协会、地方政府委员
会等组织举办公众活动，向参与规划和发展的政府官员提供专业知识。运输工程师学
会、美国景观设计师协会等从业者协会也扮演着类似角色，为其成员、政府机构和广大
公众提供专业知识，同时也致力于尽可能广泛地传播他们的立场。这些群体是重要的知
识来源，并激发着人们对建成环境问题的兴趣。

地方政府委员会（LGC）是协助政府官员参与地方社区发展的组织，为各方提供技
术援助、组织帮助、培训、设计服务、出版物和资源材料。其成立的一个项目是宜居社
区中心，该中心的任务是努力帮助地方官员开展“资源节约型地方和区域土地利用规
划”。地方政府委员会出版了关于社区设计和可持续社区的各种书籍。它的基本原则与新
城市主义的工作事项相一致，倡导基于传统模式修建密集、用途多样的步行街区。《健康
社区街道设计指南》[17]概述了地方政府委员会的街道立场。该书是一本街道设计简明指
南，以美国各地传统社区街道的分析为基础，充分满足各种用户需求。它将街道分为六
种类型，并使用剖面图提供车道、绿化带、自行车道和人行道的尺寸。这些图表还界定

了各街道类型的适用目的和土地使用状况。[18]

运输工程师协会（ITE）是一个从业者协会，对街道设计的讨论具有显著影响。运输工程师协会是处理运输问题的最古老，也是最成熟的组织之一。它成立于1930年，是美国交通部的标准开发机构，也是交通运输资源技术开发的领导者。运输工程师协会的这一角色，加上其对专业知识的传播和其执行的公众意识计划，使之成为美国运输工作的核心。运输工程师协会所采取的政策和标准对专业人士、政府官员和政策制定者都有很大的影响力。2010年，运输工程师协会联合美国联邦公路管理局、美国国家环境保护局和新城市主义大会，共同制定了题为《设计适宜步行的城市街道：环境依存法》[19]的报告。该报告面向涉及街道设计的专业人士，介绍了环境依存和步行街道的原则，并提供实现这些街道类型的设计指南。报告中的指导原则提供了设计一系列街道类型的详细信息，既有总体规划原则，也有街道两侧、旅客常用道和交叉点的标准和建议。[20]报告依靠照片、表格、平面图和剖面图等视觉支撑材料，对文本进行解释和扩充。该文件的目标之一是进一步认识《公路和街道几何设计政策》（即《绿皮书》）[21]标准的灵活性。《绿皮书》是美国各州公路及运输协会的政策手册，是全美车道法规所用法律标准的来源，因此影响着从美国国家到地方的各级道路设计。报告提出了环境依存解决方案，它的另一个主要目标是建立一个多学科法，并推进社区参与规划过程。[22]运输工程师协会对这些原则和准则的采用和传播是一个重大发展，反映出越来越多的人同意街道设计应支持所有用户，扭转了以前在道路和街道设计中极度重视车辆交通的情况。街道设计方法上的改变，对街道及研究设计街道的人士来说都有着重要影响。

政府指导

由于政府机构掌管着那些规范街道建设和整改的政策和法规，政府（官方）的街道设计指导性文件对街道设计的讨论极为重要。各级机构制订的文件和报告有很多，本处仅举两例予以讨论与说明：《纽约街道设计手册》和《街道手册》。这两份文件涵盖的材料相似，许多原则共通，都包含街道设计方面的综合信息，显著的差别是环境不同。《纽约街道设计手册》提及的街道只限定纽约，而《街道手册》主要面向参与住宅街道规划和设计的人士。

《纽约街道设计手册》"为城市机构、设计专业人士、私人开发商和社区团体提供街道整改的政策和指导"。[23]该手册首先提出所有用户的安全最为重要，主张街道设计要平等对待用户需求，同时也强调高品质的街道环境可能带来的社区效益，比如经济收益、公共卫生的改善、社会参与的增多。[24]该手册概述了政策目标和规划过程，[25]接着为街道规划提供设计指南、材料使用、街道照明指导和街道公用设施使用的相关信息。[26]该文件以文本为主，并在文本基础上附有表格和案例照片，以支持文本描述。它的价值在于，提供相关信息以探讨行人、自行车手和社会活动与车辆交通之间关系的整合。该手册全方位回顾了一系列城市情况的设计因素，既包括密集的商业区，也包括完全的住宅区。尽管剖面图的纳入能够增强空间分析，但最重要的还是该手册所讨论的各种街道和一系列设计选项为人们进行街道分析提供了有用的资源，并最终成为宝贵的设计工具。

英国运输部报告《街道手册》与所讨论的许多指导性文件一样，首先认可街道所发挥的重要社会作用，展示了从城市设计领域汲取的研究和学术思想。英国政府曾做过研究，发现从前的许多政策、法规和设计指导常常形成低品质的街道，造成许多负面影响。[27]该手册希望可以解决这些问题，并提供了一般参考资源，将所有用户和街道的社会生活置于整个街道规划和设计过程的核心。[28]该文件分为三部分：第一部分为环境和过程，第二部分为设计原则，第三部分为设计的细节问题。第一部分首先介绍《街道手册》目标和所荐方法的主要变化。本手册着眼于住宅街道的设计，并讨论此过程中协作的重要性。[29]其所倡导的一些最重要的改变有：行人至上、强调协作过程的必要性、承认街道是社交场所以及促进包容性环境。[30]在描述该手册建议的背景时，它总结了道路设计史，强调了以车辆为主导的设计思路的不足以及高品质街道对于社区的重要性。[31]该手册概述了规划和设计过程，详细介绍了各个阶段及每个阶段的典型信息，并讨论了设计规范和审计过程。如果提出建议，则指出如何改进结果。[32]

第二部分讨论了《街道手册》的设计原则，描述了街道网络的组织概念、连通性和渗透性、宜步行街区的特点和不同的街道类型，[33]接着概述了高品质公共空间的价值及效益，[34]并且描述了城市设计的基本原则，讨论了街道的尺寸及设计对社会互动的影响。[35]

第三部分提供了更详细的信息，首先讨论了各种用户的要求，然后为了方便所有用户，就街道外观提出了建议，[36]并且详细讨论了街道设计因素对车辆行为的影响以及尽可能降低车速对创建理想社区街道的重要性。[37]该部分还包括关于自行车、汽车和摩托车停放要求的信息，并在保持街道的视觉品质和生活价值的同时，对车辆停放要求进行了设计指导。[38]此外，该部分还详细讨论了交通标志、街道公用设施、材料和管理的问题，以及它们对用户感知和体验的影响。[39]

同样地，与之前所讨论的文件一样，《街道手册》是设计师和城市规划者的宝贵工具。该手册总结了当前的一致看法，探究了怎样才是建造宜居、活跃街道的最佳做法，并提供了设计策略和解决方案，是了解街道及其在社区中所发挥作用的有用资源。特别有价值的是该书将普遍原则转换到英国环境，对英国街道进行了具体讨论，展现了对通用概念进行仔细调整的重要性。该手册还有一些插图，有助于人们分析现有条件或设计方案。

学术资源

另一个重要的信息来源是学术研究，该领域的详细的文献越来越多，不断发展。本书概述了与本书讨论相关的两个例子。这两个例子的论述对了解城市街道提出了宝贵的见解，并提供了非常有用的考察街道的分析方法。

维卡斯·梅赫塔在《街道：社会公共空间的典范》[40]一书中谈到了街道在社区社会生活中的地位，并通过认真观察和研究具体街道，系统地描述了社会行为以及行为养成的一系列构成。该书不仅详细阐述了街道在社交中的作用，总结了街道的历史，还考察了环境与生态心理学以及人类行为研究的若干方面，特别关注了领地观念、近体空间与社会距离。[41]该书认为，理解人类的基本需求和补充需求，可以为社交型街道提供设计指导。[42]通过直接观察、访谈和调查，他收集了关于波士顿大都市地区三条街道的大量信息。该研究的目的在于确定人们的社交方式、社交地点以及支持该社交活动的因素，[43]并根据研究数据，按照社交活动的多少对街道进行排序。[44]该书的核心思想之一是将社会行为分为三类：被动社交、匆匆社交和持续社交。被动社交是指与他人同在公共场所，但没有直接参与社交。匆匆社交是指彼此认识，但是接触有限的人之间的社交，比如邻居或当地商店的常客。持续社交是指在个人或公共层面上的熟人之间的长时间社交。[45]梅赫塔还指出，所有这些社会参与的形式都非常重要，影响着个体社会认识和公共场所社会参数的确立。[46]

梅赫塔接着描述了支持这些社会行为所需要的各种要求，仔细分析了街道研究，并确定了社交型街道的产生因素。这些因素包括安全感、社区意识、环境舒适度、身体舒适度、实用性、环境控制、感官愉悦和社交互动的条件。[47]该书利用所收集的数据，考察每个因素，描述物理特征，解读用户感知。[48]另一方面，该书探讨了个体商户对创建可识别场所的影响，并详细讨论了占域行为的影响。[49]梅赫塔概述了商户在其领域所做的展示、用户对这些领域的可能调节、特定的物理特征如何影响领域的界定，并描述了领域的控制在打造社交场所和鼓励社会互动中所起的作用。[50]

该书仔细地统计分析了三条街道的十一个特征，评估了每个特征的影响，并对特征进行了分组，其中的两个特征单独成组，其他则分别归入两组，最终确定了四个影响社会行为的因素。[51]具体内容如下。因素一为若干特征的组合，受商户和土地使用的影响；因素二包括效果相当的五个街道物理属性；因素三能够识别商户位置安排的影响；因素四包括已识别的社交场所。[52]此外，这四个因素分别代表土地使用品质（因素一）、物理品质（因素二和因素三）和社会品质（因素四）。[53]研究显示，四个因素相结合，强烈影响着三条街道特定地点的社交程度。[54]如果一段街道具备所有四个因素，就从流通型空间转变为社交型空间。[55]该分析构建了衡量"场所"的客观手段，定义了三种不同的品质（连续性、适应性、个性化），有助于建立一个具有社会意义的可识别场所。[56]该书对这三种品质进行了详细描述，并认为围绕这些品质所打造的场所对于城市居民的社会福祉至关重要。

该书也对街道文化进行了讨论，通过调查印度的一条街道，说明可能的变化，并就街道的规划、设计和管理提出了一套指导方针。[57]指导方针提出，应将街道看作聚集场所，可以吸引所有使用者，并为他们提供社交场所以及多种经济和感官刺激，并允许和接受政府的地方控制和管理支持。[58]每一种指导方针都附有详细的建议和论据。

该书最后讨论了上述社交型街道的三个方面，包括社会方面、行为方面和物理方面，并认为必须理解和考虑每个方面，努力打造成功的社交型街道。该书还讨论了社区社交型街道的特殊价值，并声称随着世界日益城市化，此类街道对城市居民、当地社区和整个社会至关重要。

该书仔细地描述了街道的重要性及历史，讨论了关于公共空间的大量重要文献，并考察了环境行为研究和一些适用的心理学理论，是街道考察的宝贵资源。严格的实证研究提供了丰富的信息，阐述了社会行为、土地使用与街道的物理属性之间的关系。其中，就街道的物理特征及其对行为的影响所做的分析对本书特别有价值。该书指出了街道被占用的特定部分与占用时长的相关性，也指出了物理因素的重要性，识别了一系列可以鼓励社会活动和影响感知的因素。研究确认了座椅是对社交最重要的物理支持，不管是公共座椅、商业座椅，还是对建筑单元或街道公用设施的偶然使用。[59]研究认为人行道宽度也是一个关键特征，人行道越宽则使用更频繁，也更友好。[60]研究显示，人行道可分为三个活动区域。第一区紧邻建筑物，人们在该区域出入建筑物、阅读招牌、观看橱窗展示、使用设施（如公共电话或银行机器）、或坐、或靠、或谈话或观看街头活动。研究表明，如果台阶、拐角、凸窗、小龛、檐篷或遮阳篷等建筑元素能够供人就座、站立、避雨或遮阳，此类活动就增多。这个区域还能吸引对商店橱窗感兴趣的孩子，给他们提供玩耍的机会。第二区位于人行道中间，为街道的流通空间，人们主要在该区域通行，必要时偶尔也做短暂停留。第三区位于车道旁，人们在这里进行静止活动，或进行社交互动，包括坐、饮食、谈话、团体社交、玩耍、阅读、休憩和围观。所考察的几条街道里，这个区域包括大部分固定和活动座位、街道公用设施、景观元素、交通和公用设施。[61]这些观察结果直接讨论了人行道的运作和空间感知，并表明建筑外墙和人行道上的物体对街道体验和空间感知有着重要的影响。这些因素对街道空间结构的影响将在后面进行讨论。

与本书相关的内容还有，梅赫塔考察并评述了街道建筑和其他物理构成所形成的视觉刺激及其影响。研究结果表明，建筑铰接、开窗、商店展示、檐篷、遮阳篷、招牌、街道公用设施和景观元素，都会影响用户的感知、避趋、社会行为和场地认同。[62]这些内容涉及第五章的研讨中心，即街道物理因素的分析，第五章将分析和强调该方面具体知识的价值。

梅赫塔的书还讨论了形成街道的建筑外墙及其渗透性与建筑外墙对街道特征的影响。书中指出渗透性不仅包括通透性，还指出街道的内外部空间之间需要强烈的视觉、听觉和嗅觉的相互作用，才能支持街道用户积极参与。梅赫塔引用了相关研究，指出感官刺激对于购物行为和步行乐趣的重要性，以及建筑特征、开窗和展品对提供该刺激的影响。梅赫塔的研究表明，渗透性增加了社会活动并提升了行人兴趣，尤其是对儿童而言。[63]渗透性的概念与梅赫塔的研究表明，渗透程度对社会行为和行人兴趣所产生的影响对本书中心论点而言有重要意义——紧邻街道的内部空间成为街道空间的一部分，而分析街道的渗透性对了解街道的运转至关重要。

维卡斯·梅赫塔的《街道：社会公共空间的典范》一书还有更多知识值得学习，尤其是该书论述的上述方面既表明了其研究的价值，又与当前调查相关。虽然该书的重点在于讨论项目或土地使用对于创建重要社交型空间的影响，但是该书的确进行了详细的实证研究，表明物理特征影响着街道的感知和体验。该研究指出哪些物理属性值得分析，为结果处理提供指导，并表明各种因素的影响程度。重要的是，以上探讨的该研究的若干方面，扩展并支持了一些原则，第五章将对这些原则进行分析。由于该书关注社会行为，对空间体验等其他问题的研究有限，也没有系统分析与街道活动没有直接关系的物理因素。另外，尽管该书所呈现的视觉信息具有很多优点，但是如果能进行更全面的图解说明则更好，这样能促进知识的融汇，也使读者更容易理解一些问题，比如使用照片来说明并讨论活动区域[64]或渗透性[65]。这些照片的确能提供讨论相关的信息，而图表会更加清晰，并能扩展分析。这些小问题并不会削弱该书的价值，反而突出关注点的差异。《街道：社会公共空间的典范》一书批判性评述了社会行为，并就土地利用和商户所有权对创建重要社交型场所的影响提出了强有力的论题。虽然其关注重点是社区商业街，但是大部分研究和概念与许多城市的街道直接相关。该书还综合了城市理论、环境行为和心理学方面的材料，并进行了周密的研究，以支持这些思想，进一步认识并理解街道。

街道研究最重要的资源之一是艾伦·B. 雅各布斯的著作《伟大的街道》[66]。雅各布斯在书中概述了街道在城市中的地位及其在城市生活中的重要性。雅各布斯认为街道的物理层面对其成功至关重要。该书提供了一系列非常宝贵的比较数据，涉及街道、城市组织的分析以及街道形成因素的详细讨论。该书对现有街道进行了比较分析，扩展了人们对街道运转的认识，并坚持声称优质街道要靠设计，而且必须对其进行维护。[67]

《伟大的街道》分为四个部分。第一部分按照主题组织具体的街道，对街道进行详细分析，并附有图纸。第二部分是街道集合，选取一些街道作为特定街道类型的典范。第三部分讨论了街道的组织形式，附有一套世界各地城市的局部地形图。第四部分详细描述了从"伟大的街道"中观察到的特征，并指出了设计成功的街道所需的一组品质。

第一部分首先考察对雅各布斯具有个人意义的街道，即他所居住的住宅街道，定下全书基调。虽然该书都是关于街道和城市的信息，但是其中心有着浓郁的人文品质。该书对街道进行描述性分析，解释事实，并描绘其为人们塑造的体验，将日常活动和事件融入背景来研究信息。该书以居民生活和互动为叙述框架，将这条名为罗斯林街的住宅街道视为一个具有特定物理属性的空间，并附上街道的平面图、剖面图和透视比例图。这些图纸对文本信息加以说明，读者也可以借此进行街道分析。[68]

在开篇分析之后，雅各布斯详细考察了所选取的街道，使用第一次分析中建立的模型讨论了重要的主题。他考察有机街道、欧洲的林阴大道、受损的街道、绿树成荫的街道、街道的构成和三个品质特殊的个案：一条住宅林阴大道、一条海滨人行道和一条水路——威尼斯大运河。这些专题讨论为第二部分确定了简要分析单个街道的术语，还阐述了优质街道设计的一套原则，将在第四部分对其进行详述。[69]

该书第二部分是世界各地城市的街道图集，还有简要的描述性笔记、比例尺绘图以及一些透视草图。街道还是按类型或用途进行分类、组织，便于进行比较分析。[70]所呈现的街道既有老街、商业街、住宅街，也有条件特殊的单侧型街道。街道描述包含街道的基本信息，突出其独有特征，并描述其空间特征、社会活动、景观美化、街道公用设施及它们对街道体验的影响。该集合的汇编是了解街道的手段，也是设计和打造优质街道的资源。[71]街道分析图纸的比例尺相同，便于考察街道空间和塑造街道的因素，并与所包含的其他街道图纸进行比较。

该书第三部分涉及街道的模式，其中包括三十九座城市的局部平面图。[72]雅各布斯指出，街道的组织方式受到许多因素的影响，研究这个领域有助于了解个别城市和一般城市的重要方面。他简要比较并讨论了现有街道模式，探讨了那些能带来成功的城市形态，为新街道或地区设计提案，并提议利用已验证模型的优势来改进设计提案。他还强调，了解特定街道的背景环境很重要。此外，分析个体街道所在城市形态的组织、街区大小和规模，可以获取街道的关键信息。他比较并解释了环境对街道感知和体验的影响方式，认为相同的街道形式在不同的街道模式中会产生完全不同的后果。雅各布斯认为，理解街道模式及其对所涵盖个体街道的影响有助于分析和设计街道。[73]与第二部分的街道图集一样，第三部分也选取城市平面图作为比较分析的工具。以相同的比例尺绘制每平方英里的平面图简化为平面场地图后，可以很方便地表达并直接比较每座城市的街道模式的主要特征。雅各布斯指出，如果要更多地了解街道的"可设计的物理特征"[74]，那么理解个体街道与街道模式之间的关系至关重要。

雅各布斯比较分析了平面场地图，概述其所展示的信息形式，并观察具体的城市，讨论它们的异同点、地形、自然特征、组织、结构、历史因素、密度、二维比例、比例变化、设计概念和一些附加信息。他通过讨论分析这些方面，形成详细的方法论，并说明优点。通过比较，人们可以获取街道乃至城市的具体特征，进一步认识具体城市，并了解一般城市的信息和观点。[75]

在《伟大的街道》的第四部分，雅各布斯试图阐明造就"伟大的街道"的因素。他认为这些因素中有一些是必要条件，还有一些是重要补充，能显著改善街道，其他则不受设计师控制。雅各布斯再次强调，街道是城市环境的重要构成，尽管以通行为目的，但是它们始终也是社会互动的舞台，这一点至关重要。他认同成功的街道大多不是设计出来的，但是他仍坚持认为，物理属性很重要，有意识地设计这些属性对于打造成功的街道是有必要的。[76]雅各布斯描述了一组必需品质，声称虽然不是所有"伟大的街道"都具备这些品质，但是这些品质的存在哪怕无法保证，往往也能表明这是一条成功的街道。他表示"伟大的街道"需要经过周密的设计，再将这些品质熟练地结合在一起。[77]这些基本品质包括：与人调和、舒适、明确的空间、视觉刺激、通透的街道、统一以及优质的设计、维护和施工。[78]雅各布斯在考察非必要品质时认为，虽然"伟大的街道"不依赖于这些因素，但是这些因素仍然可以极大地改善街道。这些因素（非必要品质）包括树木、明确的起止点、细节、停留点、可及性、用途多样化、有限的长度、坡度、限制停车、对比和适应性。[79]雅各布斯相信，分析现有的"伟大的街道"，可以了解如何打造优质的街道。他为设计师列出参考，提供一系列信息，并提炼出一套操作方案，以详细地讨论并考察这些信息。[80]该部分讨论的所有问题拓展了街道知识，延伸出更多层次的属性和关系，并提供了一个规范的手段来考察它们之间的相互作用。仔细考虑和分析现有案例，有助于管理街道的复杂性，论证有用的方法，并获取街道研究和设计的宝贵原则。

雅各布斯在结论中声称，优质的街道对于健康宜居的城市至关重要。他说，尽管街道的重要功能是通行，但是它也发挥着重要的社会作用，为互动、表达、社区和社会化提供公共空间。为了发挥这一作用，街道必须为人效劳，鼓励广大用户使用，并支持他们开展各种活动。成功的街道需要具备一定的特征和品质。仔细思考这些特征和品质则可以改善现有的街道，也有助于打造高品质的新街道。他还强调，比较分析和考察模型可以形成宝贵的知识，进而理解优质的街道的无形资产。最后，雅各布斯认为，优质的街道需要设计，也需要进行长期维护，得到大家的珍视。[81]

《伟大的街道》是城市设计领域的经典文献，对本书研究具有特别的价值。该书仔细考察了街道，特别是街道的物理属性，为本书奠定了讨论基础，也为本书分析街道和解释街道相关的关键概念与关系提供了框架和词汇。该书开篇提及街道的空间，解释了如何配置街墙、人行道、树木、街道公用设施等街道构成，探究了如何组成和铰接街道，并讨论了围合、界定、视觉刺激、连贯的设计、连通性、管理、社会活动和包容性等关键思想。[82]雅各布斯论证了街道的物理特征对街道体验和感知的促进，强调了理解街道这些层面的重要性，以及设计师该如何利用这些知识。他概述了街道要成功满足功能和社会需求，需要遵循和满足的关键原则与要求，并指出了街道和城市环境的关键概念。[83]在一些案例中，城市设计的核心思想得到增强，如人口规模或支持社交的需要。然而，这些思想是通过分析实例获得的，因此其概念具有更多特殊性，比如关于街道高宽比的一般规则。[84]在其他情况下，对于经常进行定性讨论的概念，该书主张考察其体验结果。例如，雅各布斯在讨论树木对街道的影响时，详细描述了光的图案、颜色、阴影、叶子的运动、空间的规则变化、光线的透入等物理现象如何提高人体舒适度和提供视觉刺激，并产生空间复杂性，创造丰富的体验。[85]其中有不少观点会在随后的讨论中提及，并通过应用进行扩展和延伸。

该书最有价值的内容之一是有很多图纸，包括街道图纸和街道模式的平面地形图。

这些图纸是宝贵的资源，涵盖各种街道和街道格局的信息，可用于分析个案的特征，表现具体配置和属性的效果。考察摄政街的平面图和剖面图，可以看到1∶1的高宽比形成的立方体块和弯曲形状，而在平面图中是一道弧形，或者是库达姆大街上的树木以及人行道和檐篷所创建的空间层次。[86]本书第四章将提供类似的数据集，而第五章将提出方法论，读者可结合第四章中的图纸，研究《伟大的街道》一书中的图纸，从两组图纸的比较分析中获得更多的价值。

比较分析工具的使用，提升了《伟大的街道》图纸的研究价值。雅各布斯成书时就有此意，并且也在整本书中论证了这种方法。他的做法有时比较隐蔽，比如在讨论科尔索大道的压抑性时，他比较了科尔索大道与格列齐大道的高宽比。[87]而在其他时候，他则明确、系统地进行比较分析，探讨一个具体观点或说明一个原则，比如他分析两张墙壁剖面图来讨论外墙铰接，[88]或分析波士顿地图，借助街区大小和街道格局的变化来解释城市规模的变化。[89]比较分析是一种有效的工具。雅各布斯认为，仔细进行比较分析可以拓展有用的知识，且有必要改进街道和城市环境的设计。[90]比较分析是本书的中心思维，第五章将做详细描述并进行展示。本书的中心论点跟《伟大的街道》一样，即比较现有的街道对于理解和设计街道至关重要。

《伟大的街道》的核心立场是实体街道的信息和知识能够改善街道设计。尽管雅各布斯认同打造成功街道的大部分因素是设计之外的因素，他还是认为物理特征起着关键作用，而更深入地了解物理构成及其影响至关重要。本书也认同这一立场，并相信街道需要经过精心设计才能运转，而形成现有优质街道的大部分因素往往被视为是理所当然的，甚至遭到忽视。物理特征对于街道设计很重要，如果能更详细地了解它们，并对以往案例进行规范考察，将受益匪浅。

《伟大的街道》是一个重要文献，但是它仍有一些局限性，主要是因为这是一本专业书籍。该书大量依赖城市设计理论的隐性知识，给经验有限的读者带来了困难。例如，第一部分在详细描述具体街道时嵌入了核心原则，而这些原则可以更明确地进行传递。所以尽管有经验的读者能够识别这些问题，但是经验有限的读者则可能因为关注个别街道的描述而错过所阐述的一般原则。[91]该书的内容大多很精确，但是有时候却没有阐明定性描述。例如，雅各布斯在讨论改善街道的斜坡的属性时，提出沿街如果出现水平高度的变化是有益的，但只是大致描述了可能有哪些益处。[92]由于书中的分析图表都相当有用，还可以收入更多的此类图表对该书进行改进。除了文本描述，更多的复杂观点可以通过图表来阐明，比如图表可以有效地说明人性化、视角和水平间距，而一组比较不同街道高宽比的立体图会让解释更加强有力。[93]虽然该书所考察的街道范围非常广泛，但是在有些领域可以进行更充分的探讨，比如渗透性。雅各布斯在书中花费了一个小节来讨论通透性，并解释了其对街道的影响，提供了入口间距和开窗的一些细节。然而，在举例讨论能见度不佳的情况时，他快速略过它们的缺点，并没有展开讨论视觉通透性和物理渗透性的缺失对街道的不利影响。[94]这里提出的问题特别有意义，因为它们与本书的许多关注重点相关，比如阐明隐性知识、以图解分析为基础提出分析方法、毗邻街道的一楼空间与街道空间紧密相连，等等。《伟大的街道》对本书的意义极为重大，许多中心立场在接下来几章也将得到拓展和延伸。《伟大的街道》是一个基础文献，对城市设计领域和日益丰富的街道知识体系贡献极大。

空间连续体

如果说城市设计和建筑的主要关切之一是发展充满活力、包容的城市环境，而街道是其中最常见、最重要的因素，那么街道如何增加活动和趣味则至关重要。我们可以调整一下普遍认可的街道观，将街道视为各个相连空间之和，如果人们可以从街道进入内部空间，那么内部空间必然就是街道空间的一部分。如果建筑和城市设计主要关注内外部空间之间的重要关系，那么街道的外部空间与其相邻的内部空间之间的关系当然就是最基本的关系。仔细考虑和设计这个关键和接合点，可以从根本上改进街道空间，创造更多趣味点、活动点和互动点。

自简·雅各布斯挑战现代主义的设计策略及其基石——19世纪的街道社会福利观——以来，街道开始明确成为城市的构成部分。城市主义现在的中心信条是，生机勃勃、活动繁多、人来人往、日夜运转的街道对健康城市至关重要。简·雅各布斯称，人口密集、公私区域界限分明、用途多样化的街道能够促成社会互动，发挥重要的社会功能，既能满足人与社会的基本需求，又安全，能形成居民认同感和社区意识。[95]简·雅各布斯认为，需要内部空间来制约和影响街道的公共空间，她的"街道眼"[96]论断就强调了基本的城市关系，认为相邻的空间互相联系，而精心设计的关系能支持人类活动和社会互动。最重要的是，由此产生的街道更高级，是形成健康的城市环境的必要条件。和上述观点类似，艾伦·B. 雅各布斯则强调，沿街的内部空间和公共走道之间需要进行连接，他认为这是成功街道的必要条件。雅各布斯以世界各地的城市为例，指出内部空间和公共走道之间的视觉连接有助于体验和感知街道。而充满活力的街道能够吸引行人和活动，如在巴塞罗那的格拉西亚大道，商店橱窗被视为公共空间的一部分，[97]或巴黎圣米歇尔大道，商店橱窗和室外展示区能激发人们的兴趣和想象。[98]他还讨论了内外部空间之间糟糕的视觉连接所造成的损失，比如会使安全感降低、社区特征缺失。[99]一个由荷兰建筑师和城市设计师组成的组织Stipo出版了《平视城市：街底的教训》[100]，也讨论了街道空间对于街道成功的重要性。作者认为，建筑物的一楼空间必须经过设计，进行管理，才具有其应有的功能、社会和心理价值。该书进行了个案研究，论证一楼空间的设计应当人性化、以人为本、用途多样、适用性强、充满视觉刺激，只有这样才能打造吸引行人、活动和社会互动的街道，进而新建活跃的社区。该书认为可以采取干预措施修复受损的或有问题的街道。[101]正如本章前面所讨论的，维卡斯·梅赫塔的研究描述了临街立面的通透性和渗透性的影响。如果一段街道与临街立面在视觉上和物理上相互连接，那么使用者就更多，他们聚集在此，并愿意长时间停留。梅赫塔发现，人们认为街道的这一属性是可取的，人们更喜欢使用街道的这些地段。梅赫塔还描述了街道内外部连接更紧密的部分，这些部分的使用率更高，因此社会互动就更多。街道的这些部分更可取、更活跃，留住人们的时间也更长，因此人们在此停留的时间显著增加。[102]这为作者的某种直觉提供了实证支持，即通透、可以穿行的临街立面视觉刺激更大，能打造更可取、更活跃的街道。扬·盖尔等人在《与建筑物亲密接触》中也有类似发现，他的观察表明，一楼外墙的物理特征，主要是视觉连接，对人们的行为有着极大影响。[103]盖尔和他的同事比较了不同路段（即外墙空白的路段，与外墙可以穿行且能进行视觉连接的路段）的行人行为。研究表明，与空白、封闭的外墙相比，外墙如果开放、具有视觉刺激，则人们在附近的活动要多得多。人们经过这些地方，会停下来，转身欣赏橱窗。人们在这些地方停留，选择性地做一些活动，如休息、进食、谈话。就像盖尔在每本书中总说"人人相吸"，[104]活动的增加也吸引更多的人。这种行为模式在夜间更为明显，光亮、通透的外墙与黑暗、封闭的外墙相比，吸引的活动要多得多。[105]接下来的案例研究展示了几个分别在历史和新型城市环境中把控着一楼设计的模型，并从中总结出一楼外墙设计的基本原则。这些原则强调了多种需求，包括公共用途多样化、建筑细节、视觉通透性、物理渗透性、人性化、对环境的依存度和建筑元素（如台阶、壁龛和门廊）的需求等。[106]文章最后主张，一楼临街立面的设计极大影响着街道的使用，而谨慎采用简单的设计策略能够改善街道。

　　不管是直觉还是研究，都表明临街一楼需要与街道有互动，并充满视觉吸引力。而重新思考建筑物和街道如何相互作用等基本观点，还挺有趣味与意义。前现代观念认为，街道与建筑物内部空间之间存在边界，是因为内外部空间之间有着明确的界线。内部空间是独立而清晰的，窗户和门廊标志着内部空间的终结，而街道的空间则是独立的空间，具有不同的特征。现代主义的设计原则寻求消除此类界线，提出了更加连续的视觉空间，内部空间向外延伸，进入外部空间，而外部空间向内扩展，融入内部空间。然而，谈及街道时，空间的基本观点却不复存在。现代主义认为街道让19世纪的工业城市变得肮脏、黑暗、过度拥挤、混乱、暴力。现代主义和当代进步思想一样，认为传统街道是城市问题的主要原因，因此提出打造另一种没有街道的城市环境。现代主义不认为街道能够结合通行、商业和社会互动，而是提议将建筑物置于景观之中，直接接触自然环境，通过专门的道路网络进行通行。[107]需要注意的是，现代主义要求改善生活条件、消除弊病的道德诉求和美学追求，阻碍了其对城市内外部关系的考察。现代主义者提议将当代连续空间的观念扩展到街道。建筑师和城市设计师应该重新思考一楼内部空间与街道空间之间的分隔。负责城市空间配置、建设和管理的人员必须看到沿街的一楼空间对城市环境的促进作用，寻求整合了内外部活动的街道公共空间。建筑师在处理街道公共空间时，必须对城市建筑物的一楼进行设计，并将内部活动延伸到街道上。最重要的是，业主必须了解一楼的公共性质及其对城市公共空间的责任。如果街道要在城市生活中发挥关键作用，人们就必须共同努力，让一楼空间积极融入街道。

应该利用建筑实践的复杂工具对一楼空间进行规划，形成高品质、有意义的解决方案。分界线、边界条件和空间组合经过仔细整合，可以在内外部空间之间产生强大的物理和视觉联结。建筑设计如果追求城市关系的统筹与和谐，并考虑设计选择对街道的影响，就可以创造有趣而合意的街道，吸引人们使用，并支持活跃的城市环境。如果建筑师将街道视为一个外部空间，与他们所设计的内部空间相连，而不是将街道视为设计止步的地方，那么他们就会采取全然不同的态度处理设计问题。大多数建筑方案都一目了然，以规模、门槛、构成、构造、物质性和空间轮廓等基本的建筑原理为基础。空间连续体的重要变化就在于消除了内部空间与街道之间的简单化差异。一旦将它们视为一个整体的两个部分，设计问题就发生转变，而设计出有意义的、相互关联的内外部空间的可能性就大大提高。内外部相辅相成的街道会带来更加活跃的街道，并将改善城市空间。

活跃的街道对打造充满活力的城市环境贡献最大，而综合街道和一楼的设计是实现这一目标的最佳手段。街道是一个市民空间，一楼活动必须与街道活动连接。模糊内外部空间的界线，有助于将空间连续体的建筑理念扩展为城市思想。内部空间和街道之间关系的设计是城市环境下建筑师最重要的任务，而理解和设计活跃街道的方法是城市设计师、建筑师和设计评估人员的重要工具。

街道元素

为了确定街道物理特征和空间品质的分析基础，本书会参照现有模型列出基本术语。虽然其中不少术语还有许多变体，某些术语尚缺乏共识，但是毫无疑问，其中一些基本术语能够为第五章的论述提供必不可少的分析基础。

街道的主要元素包括车道、人行道、街道公用设施、景观元素和街墙。车道供车辆通行，人行道可容纳行人活动，街道公用设施和景观元素支持街道的使用，而街墙组成街道空间的边缘。每一种元素都有很多组件，而组件的变化区分出各条街道。

车道往往是街道的主导特征，因此需要重点考察流通通道的数目、宽度、停车设施以及其平面形状和表面。单车道最为常见，形成清晰的空间结构，其变化受制于元素组合的细微差别。多车道则创建空间分层，形成交错的体块，关系更为复杂。车道的宽度决定着街道的体块，狭窄的车道形成紧凑、垂直的空间，而宽阔的车道或多车道塑造更加开放、水平的空间。车道宽度结合人行道宽度和街墙高度，界定街道的围合空间。[108]艾伦·B. 雅各布斯指出，宽度超过街墙高度四倍，则空间轮廓不够分明，而大部分优质街道的高宽比范围为1∶1.1 ～ 1∶1.25。[109]例如，旧金山波尔克街（见图3.1）、芝加哥南州街（见图3.2）、非斯塔拉科布利亚街（见图3.3）以及格加斯哥巴斯街（见图3.4），展示了车道宽度的变化及其与街墙高度之间的关系。波尔克街的高宽比为1∶1.78，南州街的高宽比为1∶1，塔拉科布利亚街的高宽比为1∶0.48，巴斯街的高宽比为1∶2.17。不同的高宽比产生不同的体块，塔拉科布利亚街在非斯形成垂直空间，而巴斯街在格拉斯哥形成水平空间。车道宽度作为水平维度的主要构成，是街道分析的重要考虑因素。

如果街道优先考虑车辆通行，它的几何结构就会对其他用户产生不利影响。车道更宽，拐角半径更大，则界定的空间轮廓不清晰，车辆速度更快，行人的通行也更不自然。[110]车道设计要支持所有使用者，并营造安全、有吸引力的场所，就必须限制车辆通行和非法驾驶行为，对非车辆用户有所回应。[111]停车设施也影响车道的宽度和行人的街道体验。车道的停车区域可以有多种形式，可能对街道产生正面或负面影响。精心配置的停车位可以在移动的车辆和行人之间形成视觉和物理障碍，为愉快而活跃的街道提供结构支持。而糟糕的停车安排可能破坏街道，限制行人通行，过于强调车辆的主导地位，使街道不受欢迎。[112]车道的形状对街道的空间特征至关重要。弯曲的街道限制视觉深度，遮挡街道空间。直线形状的街道形成连续的视场和开放的联结空间。笔直的街道形状匀称、和谐、平衡，弯曲的街道则带来视觉多样性，刺激空间构图。[113]车道表面也影响着街道印象。大多数车道铺着沥青或混凝土，这样的车道主要适用于机动车辆，高效、兼具成本效益、铺装快速、易于维护。虽然路面材料是重要的考虑因素，但是它还是极为有限，特别是在打造独特的街道方面。普通、统一的材料，视觉和触觉品质也有限。鹅

图 3.1
旧金山波尔克街

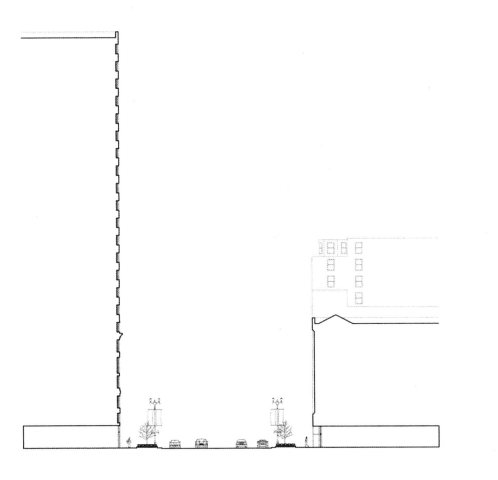

图 3.2
芝加哥南州街

城市剖面图：城市和街道设计解析工具

The Urban Section: An analytical tool for cities and streets

图 3.3

非斯塔拉科布利亚街

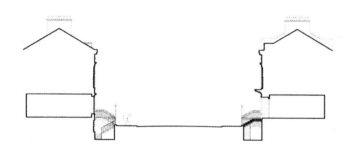

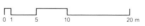

图 3.4

格拉斯哥巴斯街

卵石、砖或其他材料的车道表面能够对人们产生一系列物理刺激，提升人们街道体验的兴趣和乐趣。

人口密集、活跃的街道对城市的经济、文化和社会健康至关重要。认识到这一点之后，街道设计的优先次序发生变化，人们对人行道的可能用途和活动也有了进一步了解。从简·雅各布斯描绘她所在社区的人行道开始，扬·盖尔对使用模式和行人行为进行了研究，艾伦·B.雅各布斯让"伟大的街道"的人行道焕发出生命活力，人们一直在做出努力，试图了解这个复杂而关键的城市空间。其中最受关注的是人行道空间的组织方式，在这个领域，一些设计手册做出了系统提议，而维卡斯·梅赫塔[114]等研究人员则开发出一套体系。其共同的基本特征是划分出三个区域，一个挨着车道，一个是通行区域，一个紧邻建筑物。街道的类型和配置有所不同，这些区域对应的宽度和布局也各不相同，但主要分区仍是这些。在所有模型中，紧邻建筑物的区域是人们进行交流以及展开非正式社会活动的地点。人们在这里出入建筑物，逛逛橱窗、站立、倚靠、就座、说话。[115]这里也是商家的扩展区域，它们放置展品、临时招牌、桌椅或进行装饰。[116]通行区域通常指定给行人使用，行人可以沿着道路通行。挨着车道的区域包含街道公用设施和景观元素。该区域屹立着电线杆、路标、消防栓、电话线杆子和其他基础设施，还有许多公用设施，如树木、长椅、花架和公交站。这部分人行道的模型各不相同，其中一些模型将人行道视为可容纳更多活动的场所。旧金山城市设计手册《旧金山好街计划》则把它分为两个不同的区域——装饰区和边缘区，甚至建议新增一个扩展区，将人行道上的活动延伸到车道空间。本书则将人行道分为四个区域，依次为紧临街墙的过渡区，占据人行道中部的流通区，设施区，以及位于人行道与车道交界处的路缘区。这四个区域如图3.5所示。在语义上区分术语，对于准确描绘这些区域的功能至关重要。

过渡区依靠物理和视觉交换进行界定，并在多个层次上表达内外部空间之间的移动。在这里，开放的公共空间转变成围合空间，不同的过渡手段和方法强烈影响着个体街道的感知和体验。过渡区可以像非斯塔拉科布利亚街（见图3.3）那样，是简简单单的入口门槛和壁面，也可以像格拉斯哥巴斯街（见图3.4）那样，由跨越采光井的台阶和门廊打造出水平和垂直层次。过渡区的配置和使用对街道体验的影响极大。如果进行仔细设计，各种排列方式都能做到恰如其分。

流通区不仅仅是"行人通道"。威廉·怀特和维卡斯·梅赫塔的研究已经证实，人们也在这部分人行道做短暂停留，进行对话，或者展开其他社会互动。它主要是一个移动场所，但并不总是在严格意义上执行该功能。[117]流通区最突出的方面是人行道的宽度，特别是其与行人荷载的关系。狭窄的人行道可能过于拥挤，即使单个行人也难以使用，

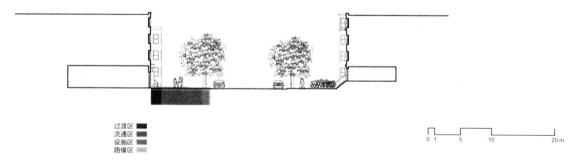

过渡区
流通区
设施区
路缘区

0 1   5   10   20 m

图 3.5
人行道区域

但是反而可以组成亲密、人性化的街道。宽敞的人行道可能空无一人，也可能繁忙、活跃、人来人往。识别该区域的特点和范围对全面了解一条街道至关重要。

设施区一词用来强调街道公用设施和景观元素的重要性，包括它们的功能和空间结果。无论是直白的功能性组件、美化工具还是公用设施，这些物体置于街道，位于公共通道，就是为街道使用者谋利。这意味着人们需要考虑其所有影响，还需要以整条街道为背景对它们进行评估。设施区所提供的设施影响着人行道与街道整体的空间和使用。在芝加哥南州街的设施区，有大型花架、树木、长椅、灯柱和横幅（见图3.2），赋予街道市民品质，构建人行道空间，在车辆和行人之间架设物理和视觉障碍，并为人们提供社会互动的机会。这些物体规模都不小，为大型商业街塑造出背景环境，既适应街道空间的使用人数，也适应构建街道空间的高层建筑的尺寸。在旧金山波尔克街，虽然行道树和灯柱的规模较小，但是它们也完成了许多相同的空间、视觉和物理功能，使街道更具有本地特征（见图3.1）。

路缘区是车道与人行道之间的分界线，并因此得名。路缘区的品质几乎完全取决于所用材料的配置和属性。大块的花岗岩可供单人在此站立、停留、环顾街道或陷入沉思。狭窄的混凝土路缘纯粹就是对车道和人行道进行简单分隔，几乎没有别的功能。低矮的路缘石在车道和人行道之间形成细微的差别，分隔更为随意，行人可以在人行道和车道之间自由通行。尽管路缘的使用取决于文化因素或交通情况，但是其物理属性显著影响着行人和车辆司机的行为。按照标准化功能设计的路缘高大实用，但这样的分界线了无生趣。路缘区如果选材优质、形式大方、被视为重要的临界点，则能形成更明确的轮廓。这不是要求路缘要突起，而是表明，无论这种分界线的性质如何，是模糊、普通还是大方，如何分隔不同的使用者是所有街道面临的一个主要问题。

近年来，人们开始热衷于修建能够鼓励和支持展开多种活动、品质突出的人行道，提出了各种人行道的新型处理方案。虽然本书意在分析，而不是完整阐述街道设计，但是其中的一些街道设计理念仍值得进行简要讨论。分区的目的在于为人们所期望的活动提供空间，使人行道超越简单的功能性，成为人们喜欢的场所。它们通常改变人行道的几何结构，提供更多空间让人们通行或驻足活动。例如，路缘石的拓宽，一方面，通过减少交叉点的半径来缩短交叉距离，提高能见度，方便行人通行；另一方面，通过缩小车道宽度来使车辆减速，并在视觉上将停车道融入人行道。人行道的其他创新处理方案涉及拓宽面积进行绿化和展开雨水管理，甚至建造小型公园或迷你广场。其中许多策略要么是复制现有街道的成功案例，修建新的人行道，要么是改造现有街道，优先考虑行人而非车辆。其主要作用在于为人们提供更多空间，提升人行道使用者的视觉、物理和社会体验，形成连贯一致的设计。

另一个需要考虑的方面是人行道的材料属性，包括表面、路缘和边缘的处理。这些材料用于铺设和装饰人行道，在视觉、触觉和品质方面对使用者有直接的影响。基本上，人行道表面需要保持平整，供所有使用者使用并自由和安全地通行。处理边缘和路缘时，需要标记边界，提供通道，还要耐用。与车道一样，人行道通常使用沥青和混凝土铺设，这是满足这些功能性要求的一种经济有效的方式。也可以对人行道进行特殊铺设和细节处理，使人行道更加独特，增强其轮廓和视觉效果。装饰性铺设和高品质细节，如砖、图案铺设、石板、花岗岩路缘或鹅卵石边缘需要护理，具有较高品质，也提供视觉刺激，区分出一条街道，并成为街道的特色。铺设的处理也可强调行人优先，它们标记出道路和人行道，让车辆行驶适应行人。铺设还可用来划定和强调人行道的特定区域，支持使用者使用并展开活动，有助于打造活跃的公共空间。人行道也影响着排水或美化等其他功能的实现。而实现这些功能所需要的细节处理，对于创建一个连贯的街景来说非常重要。各种市政设计手册提供有关道路铺设、人行道、雨水管理和种植考虑的指导。[118]这些手册对这些相关问题进行了仔细调查，并提供了大量信息，尽管它们的目的是进行设计指导，但是对于分析现有街道也非常有价值。考察材料和设计策略是否符合街道的特定情况也同样重要，因为成功的设计关键在于维护，而更高品质的材料和工艺尤其需要投入资源进行维护——特殊材料的维护要求更高，其维护水平的高低会对街道产生显著的影响。[119]另外，本书由于范围有限，无法广泛论述人行道设计。但是在考察街道时需要敏感对待这些问题，深入把握人行道的这些元素，从而进一步深化分析。关注人行道的使用、组织、设计、材料和细节对于全面解读街道至关重要。参照当前最佳实践是评估现成条件的有力工具，既可能发现缺失的内容，也可能发现当前实践中缺少的元素。

　　街道公用设施和景观元素是人行道空间的重要组成部分，会对街道造成较大影响。这些影响可能是负面的也可能是正面的，街道公用设施和景观元素的考虑不周、随意放置会引发视觉混乱和其他物理问题，而规范的设计会创造出审美统一、功能改进、更加吸引人的空间。随着人们越来越重视街道的人性化，对街道公用设施和景观元素设计的关注也在增多。虽然街景设计的关键在于精心放置所有物体，但是仍存在等级结构，即需要优先处理某些元素。街景中最重要的元素之一是树木。并不是所有的街道都有树木，但是如果有树木，树木会产生戏剧性的效果。树木的大小、间距和冠幅影响着一系列空间关系，如轮廓、节奏、方向、重心和分层。树木可以形成边缘、围合、可穿行的边界或间隔。树木对光线影响极大，可以营造视觉刺激和提供树荫，枝叶的运动对于打造理想的街道十分重要。[120]虽然难以对树木进行精确量化或定义，但是树木有着美丽、愉悦的自然形态和颜色，能影响观赏者的情感和心理。树木也有助于形成地域感，产生预期的各种效果，当树木与特定的地方相关联时，能促成独特的环境体验。基于这样那样的原因，树木成为街景的重要组成部分，人们在进行街道分析时需要对其进行关注。与本书讨论尤为相关的是树木的空间结果及其对街道空间关系的影响。

照明也是重要的街景元素，其设计特征和表现对街道体验的影响很大。精心设计的照明能提供安全感，营造诱人的氛围，提升视觉丰富度。跟树木一样，灯柱创造的线条节奏作用于空间，既能形成层次，又能引导视线一路延伸。[121]同样值得注意的是独特的照明设备，它们引人注目，增加了街道的个性特征，能够强有力地说明街道是重要的公共空间。照明设计还应考虑其能够创造的品质，即亮度、朝向和渲染的设计要营造诱人的环境。[122]这意味着不仅要为车辆提供照明，也要为行人提供照明，而且行人照明要富有人性化。这可能意味着街道的照明层次要多，空间要更复杂。因此，灯杆和灯具的放置是重要的设计因素，应仔细考虑并分析现有街道，特别是要分析街道的空间效应。

座椅对于街道的宜居性和活跃性非常重要，是吸引活动和行人的主要因素。如果街道设置了专门的公用座椅，则该街道更有可能被人使用，也极有可能吸引他人前往。[123]街道如果设计了座椅，要是碰巧还有花架、护柱、台阶或其他建筑元素，就会成为人们聚集、驻足休息或围观周围活动的场所。不管是公用座椅还是私人座椅，也不管是有意建造还是偶然建造，人们会在这些街道停留更长时间。[124]有人已经注意到，活动时长是打造社交型公共空间的关键因素。[125]不是每条街道都有座椅，但只要座椅存在，座椅的位置及其与树木、车道、街墙和重要目的地的关系就很重要。靠近阴凉处的座椅更有吸引力，如果能缓冲车辆交通，则更为理想。最重要的是，座椅处的视野要好，人们能够在这里很好地观察街道的生活，因为这是人们在街头就座的主要吸引力。[126]这几个特征相结合，能够更有效地鼓励人们在街道上驻足和玩乐。考察街道，确定是否可以在街头就座，是分析街道空间特征的关键方面，因为座椅增添了街道的范围、边界和空间活动，创造出更为复杂的空间组合。

街道公用设施和景观元素设计除了要考虑这三个主要元素，还要考虑很多补充元素，它们的影响较小，但仍然重要。还必须考虑的元素有花架、护柱、路标、停车计时器、自行车架、零售小摊、公用事业基础设施和消防栓，因为它们也影响着街景和街道的使用。这些元素以多种方式支持街道的使用，为行人、自行车手和机动车司机提供实用性、安全性信息。街道设计必须包括这些设施，它们的数量、位置和类型应当由特定街道的使用模式来确定。在分析街道时，应注意上述各元素是否存在，确认它们的位置及其与其他组件之间的关系。与树木、照明和座椅一样，这些街景元素也能在空间和功能方面产生影响，在街道上形成不同的场所，或是给人行道的主要区域增添层次，因此，人们也有必要对它们进行考察。街景分析的关键在于，应该考虑每个物体与其他所有物体和整条街道的关系。尽管进行研究时，许多街道的街景元素之间无疑也存在偶然的关系，但是不管是设计使然还是出于巧合，它们还是存在和可能存在许多良好的关系。

街道的最后一个构成是街墙，街墙是街道的另一个主要元素，组成了街道空间的边界。关于街墙，需要考虑的基本层面包括垂直轮廓、底部与街道空间的关系、底部上方外墙的特点以及街墙顶部形成的屋顶景观。街道边界的性质由所有街墙决定，但其发生变化的方式取决于上述元素的配置和组合。街道边界的形成方式极大影响着街道的特征。街道的空间、视觉活力和物理运作因此受到街墙品质的强烈影响。

　　街墙的垂直性与车道和人行道的宽度相结合，形成街道的空间体块，但街墙决定着围合。围合的程度则取决于街墙的高度和连续性。有些街墙比较低矮，或是街道的垂直边界轮廓不够清晰、缺口较大，或是场地内立着松散排列的单层建筑物，跟它们相比，高大而连续的街墙形成的围合更大。街道的垂直边缘如果低矮或不连续，形成的围合有限，就会缺少对街道而言至关重要的空间轮廓，这是因为残缺或低效的围合形成的空间较弱，空间轮廓模糊，缺少包容性和空间特征[127]（见图3.6）。并不是所有的街墙都相同，也不是所有垂直围合都有一致的外墙。许多优质街道的建筑物都比地界线靠后，还有一些则是建筑物之间存在着间隔（见图3.7）。关键在于街墙和街道的其他构成要形成一致的空间。格拉斯哥巴斯街（见图3.4）可以证明水平空间的轮廓并不亚于垂直空间。空间

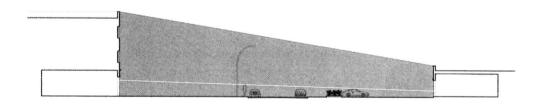

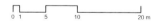

图 3.6
空间轮廓模糊

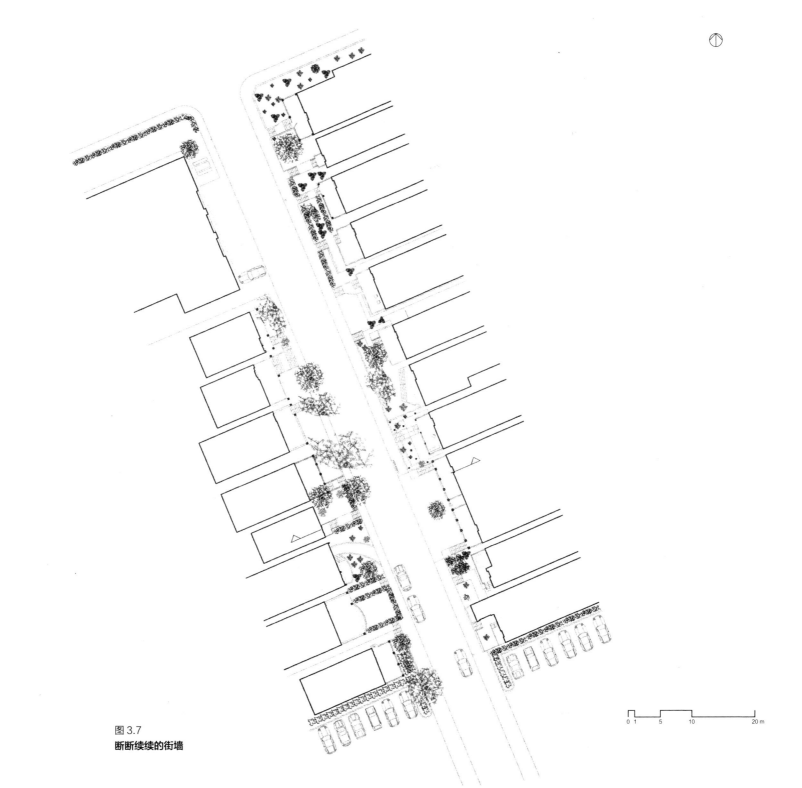

图 3.7
断断续续的街墙

轮廓要清晰而稳定，这一点可从许多随性的住宅街道中看出，其中有些单一家庭住宅远离车道，间隔不一，场地大小也各不相同[128]（见图3.7）。此类街道的空间是一致的，也适应环境。住宅构成清晰的格局，街道空间则由外墙、门廊、草坪和树木界定，形成与住宅用途对应的空间。而在城市化环境中，类似配置会因其使用模式和空间特征不同而与周围环境脱节，格格不入。[129]更常见的问题是在主要的围合模式中出现单个或局部改变，如个别建筑物和侧院一起向后移动，或是无视建筑群或外墙，在密集结构中形成新的扩建。分析街道空间时，关键在于确定街墙及其围合的特点。

街墙底部是街道特征的核心，有各种重要功能，如构建街道内外部空间之间的基本相互作用，整合街道空间的边界，支持街道活动，提供视觉刺激。应该考察如何一一实现这些功能，并确定具体特征。详细了解这些内容可以评估街墙底部和街道其他组件之间的重要关系。

如上所述，街道内外部空间之间的相互作用对于活跃的城市环境至关重要。而街墙底部的物理属性显然决定着这种相互作用的发生方式。简单化的解决方案，如大面积抛光表面或参照以往的入口通道等，往往缺乏有意义的建筑品质，不能充分解决街墙底部的功能定位问题，而仅仅简单将其分解为平坦的表面或比例失衡的符号。建立丰富、有效的空间互动依赖于精确的建筑判断和技巧，包括构成、比例、物质性、规模、空间分层，等等。分析现有街墙的底部，了解怎样才能实现这一目标，可以获取宝贵的信息。旧金山波尔克街的剖面图（见图3.1）说明了这一点，人行道和内部空间之间的分界线经过巧妙处理，在街道内外部空间之间产生了丰富的相互作用。在街道的一侧，入口通道位于凹陷处，需要爬一段楼梯才能到达，而通道上方恰好是上层街墙的挑出部分。在街道的另一侧，内部空间的边界是一扇大窗户，在一个挑出的凸窗下方，路人可以通过大窗户看到内部。这些看似普通的安排，实际上能产生复杂的空间结果。由于凹陷处的台阶突破了内部空间的边界，外部空间向内部推进，但是凹陷处和台阶所形成的场地，使内部活动得以溢向街道空间。另一方面，内部空间也向外部挑出，凸窗突进街道体块，为外部空间的社交活动拓出一方空间，人们可以逛橱窗、说话或就座。在实现这一切的同时，内外部空间仍保持必要的区别以及实现一定程度的隐私和控制。这只是举例说明如何仔细处理台阶、凸窗、门槛和窗户等建筑元素，在街墙底部鼓励内外部空间之间发生相互作用。这对于活跃的街道而言十分重要。[130]应该分析现有街道，并形成一系列策略和词汇，以设计和了解街墙底部和整条街道的这一重要方面。

　　与构建内外部空间相互作用的功能相关的是，街墙底部在整合街道空间边界的作用。街墙底部组成了街道外部宜居空间的边界，而该边界的配置方式对街道产生了许多影响。如果街墙底部铰接着多种轮廓和建筑元素，如台阶、窗台、花架等，街道就可能吸引社会互动。[131]而当这种边界具备视觉通透性和物理渗透性，对使用者来说，街道就更刺激、更愉悦、活动更多，也就增加了使用街道的时长。[132]街墙底部的特点也能影响人们的安全感知，因为渗透性影响着活动的数量和街道的氛围。渗透性外墙能吸引人群，并在夜晚将灯光投射到街上，这些因素都能提升人们的安全感。[133]街墙底部也是街墙在视觉和物理上与行人直接发生相互作用的部分。它是与行人视野最为相关的边界，也是人们出入街道内部空间所要跨越的分界线。[134]在格拉斯哥巴斯街（见图3.4），街墙底部与空间、流通、视觉和光照产生丰富的相互作用。底部被抬高，人在屋内可以观察街道，但从人行道上只能看到屋内的光亮，意识到内部活动正在进行。内部围合远离人行道，而光线可以穿透到一楼，这种采光井能产生多种结果。人们需要爬一段台阶、穿过一个小型门廊才能进入一楼。因而有必要沿着人行道设立栏杆，在建筑外墙和人行道之间创建一个空间层次，从而形成一种建筑序列，形成有趣的视觉、复杂的空间，为人们提供通行的便利以及丰富的体验。同样，考察现有街道，了解街墙的这一关键部分在各种情况下如何运作，可以为街道爱好者提供宝贵的知识。

如前所述，街墙底部也可以支持街道活动。建筑的物理特征影响着人们对该部分街道的看法和使用。墙面空白且几乎没有形式变化，就基本不会引起行人的视觉兴趣，鼓励行人继续移动。[135]当街墙底部具有规模、铰接和空间多样性等建筑品质时，可以在多个层次上吸引行人。人们可以在这一部分街道随意展开社交活动，在出入建筑物的途中驻足、逛橱窗、聊天。[136]街墙底部如果形式、视觉和空间多样，则能吸引更多的此类行为。[137]研究表明人会吸引人，有人的空间更容易吸引他人使用。[138]因此，街墙底部如果支持这些关键性社会活动，就可能吸引更多的人，增添街道的活力。分析街墙并确定它如何成功地支持社会互动，是全面了解街道的题中之义，而现有街道是进行此类调查的宝贵资源。

街墙底部是街道的主要视觉构成，与行人尤为相关。行人由于视野受限，只能看到一楼。[139]外墙区域可以展示内部空间，并利用招牌和展品吸引行人的注意。这也是街道的个性所在，商家使用植物、装饰品和广告来区分它们所占据的空间。[140]街墙底部的建筑处理也能形成视觉刺激。门洞、门廊、外墙铰接、细节和材料能让街道在视觉上充满吸引力，[141]产生视觉刺激，这样的街道使用率更高，使用起来也更加愉悦。[142]街墙底部是街道视觉特征的核心，而街道视觉特征又极受街道品质的影响，这一点已经得到证实。

研究还表明人们更能记住这种街道的信息，并做出更准确的描述。[143]特定的颜色、形式、规模和空间配置相结合，形成街道的个性。特别是当许多商业街上的商店都是类似的国内外品牌时，一楼的物理特征有助于区分开着相似零售店或批发店的街道。住宅街道的街墙底部的个性也同样重要，特别是在类型和风格极为一致的城市。行道树与其他街景特征和空间特征无疑有助于确定街道的特征，尽管如此，仍然可以说，街墙底部对街道特征的影响最为重要。人们仔细评估街墙底部，确定其视觉品质和属性，可以扩大对街道的认识，这是街道分析的重要方面。

　　虽然街墙上方的外墙对街道的视觉影响不那么直接，但是该部分街墙的特征与细节仍然影响着街道给人带来的感知和体验。街道空间的规模主要由外墙的尺寸和比例确定，通常表明街道的性质，比如是属于商业、机构还是住宅。材料和建筑表达成为街道生活的背景。即使街道的大部分视觉信息和体验都在一楼，广义的街道却是建在一楼以上。一条宽阔的商业街，一楼是19世纪砖石框架结构，门洞大开、额枋交错、零售环境活跃，构成街道的整体形象，只有街道所特有的事件才在这里上演。光线打在外墙表面，并与建筑特征和细节发生光影作用，产生视觉刺激，提升街道的感官体验。[144]而外墙开合部分之间的关系也影响着街道空间。如果是一大块不通透的街墙，开着规则的大中型门洞，就形成包容均衡的街道空间。19世纪周边地块的扩建就是如此。而如果街墙由一大片玻璃构成，表面凹凸有致，能反射光线，就形成动态、有层次感的街道空间。外墙开口大小及排列是街墙的一个重要特征。上方的外墙组合和配置影响着特定街道空间围合的性质和特征。个体建筑的外墙经常发生变动，观察这些变动，并考察不同外墙之间的关系，可以获取街道空间的重要信息。分析个别街道和一般街道的外墙，可以获取丰富的信息，形成综合考察街道的另一个方面。

　　街墙分析的最后还要考虑屋顶景观，它位于街墙的顶端——街道空间与天空的交汇处。这条边界的本质与街墙结束的方式强烈影响着街道的空间感知。虽然远离街道活动，但是街道围合的这条边界是街道的重要视觉构成。不管屋顶边缘是平坦的还是形式重复的，只要一致就能形成稳定的体块和平面的天空，从而增强街道的空间品质。但是天空实际上在这个空间之外，而屋顶边缘标志着街道空间的结束。如果线条相对稳定，就应该注意变化。塔楼、教堂的尖顶和圆顶突破了这条线，标记着城市的重要时刻，并成为地标。而如果屋顶边缘是不规则的，建筑物高度不等，屋顶铰接着多种轮廓和建筑元素，还有服务基础设施，就能延伸街道空间。屋顶景观元素的推拉创造出动态、变化的边缘，而小块的空间、层次和开口则激活了街道的空间，并通过视觉活动吸引人们的眼球，将视线拉向边缘。街道空间的顶部也不是平面，而是波动更大的体块。街道是一个外部空间，其围合又与这个空间以外的空间进行对话。它与另一个邻近的空间体块交汇，并且处于更广阔的空间之中。屋顶边缘成为它的视觉阈值，是建立它与这个更广阔空间关系的元素之一。而街道体块是包含在内、轮廓清晰，还是换一种思路冲向天空？当然，这两种情况中间还有无限种可能。视觉效果的强度受街墙顶端与地面之间的距离影响。低矮一致的屋顶边缘会强调天空是街道空间的顶面，而较高的屋顶边缘则弱化这种效果，把天空视为一道光线。如果不规则的屋顶边缘靠近地面，则会突出组合物体的空间，而如果屋顶边缘高高在上，物体则化为剪影，也降低了屋顶边缘的深度。屋顶边缘的这些变化是许多因素作用的结果，包括经济力量、技术限制、美学考虑和监管准则。无论这种屋顶边缘的本质如何，是一致的深层檐口还是个体塔楼的高低起伏，该边缘都勾勒出街道的上缘，是所有街道的一个重要视觉特征。

讨论街道时还有一个关键概念是规模。一条街道的规模在很大程度上是上述元素/组件之间关系的结果。这些元素如何组合成街道，尤其是它们所形成空间的大小，决定了街道的感知规模。本书并不详尽地探讨这个复杂的话题，但仍有必要给人性化规模下一个可操作的定义。出于讨论的目的，本书将人性化规模定义为与人体和知觉能力比例相当的物体和空间。[145]人性化街道的物理特征与比例与人体和知觉能力相对应，其视觉和体验秩序以人体为度量单位。门廊和窗口接近人体尺寸，建筑高度允许视觉和言语交流。街墙则进行水平分区和垂直分区，允许视觉和身体参与。[146]水平分区有多个入口通道，鼓励人们互动和选择，窗口能够提供视觉刺激，而建筑分区尽量减少单调的白墙面积。垂直分区则对应人体比例，一楼适应人体视觉，层高与身高对应，铰接表面能够激发视觉兴趣。[147]人性化街道的围合与人体比例相当，因为空间如果太宽则不够舒服，有疏离感，空间如果太高则可能产生压迫感。[148]艾伦·B. 雅各布斯指出，大部分"伟大的街道"的高宽比范围为1∶1.1 ～ 1∶1.25，且最大值为1∶4，符合这样比例的街道才能有清晰的轮廓和围合。[149]盖尔则认为，空间过于宽敞阻碍视觉交流，而视觉交流是亲密的情感体验所必需的。[150]人性化街道的空间轮廓要包容、一致、不压迫、不膨胀。人性化还体现在街墙和街景的材质和细节中，它们通过纹理和工艺展现人的技能和思考。[151]与街道相关的人性化话题很复杂，需要进行广泛考察。这些话题与摘要可以为本书的讨论提供参考。

考察街道的基本构成（即主要元素），为分析特定街道、提出方法论提供了术语和背景。上述每一个元素对街道的物理特征以及感知和体验都有极大贡献。仔细评估这些构成/元素，并考虑它们之间的关系，对于透彻理解街道至关重要。虽然不是每条街道都包含所有的构成/元素，不是每条街道都有车道、人行道、街道公用设施等，而且所考察的一些构成/元素与某些街道的关系不大，该框架仍适用于大多数街道。所有街道都有一个可供通行的公共空间，垂直元素都有底部、中部和顶部边缘，并且能产生空间效应。考察这些特征的具体组合，获取关于个体街道的关键信息，并可比较其他组合，构建关于一般街道的更广泛的理解。

本章一直关注街道及其在当代城市思想中的地位，并概述历史观点、重要讨论和当前共识，证实了街道的意义。本章还综述了一系列资源，包括政府指导方针和学术研究文献等，以广泛地了解当前对街道及街道设计这一话题的关注和方法。最后还列出了一些基本术语，构建街道考察的框架，并强调以平面图和剖面图为基础，特别是剖面图的图解评估，提出分析方法。本章核心论点是：物理因素及其配置从根本上影响街道体验。其中的许多物理属性（包括空间特征）可以通过观察、摄影、图表、草图和透视图进行分析。不过规范的剖面分析能保证重要的精确度和细节性。结合精确的水平和垂直信息，所获取的知识在评估空间配置方面具有重要价值。分析图纸并关注极其具体的信息，有利于探讨关键关系，严格考察规模、比例、分层、重叠、渗透、扩张、压缩、模式、组合、重复等基本问题。人们还可以使用比例图进行比较分析，评估异同点，强调独特之处，可以利用所举例子比较世界各地城市的各种街道类型。采用该方法得出的结果对于设计师和城市规划师很有价值，有助于他们更全面地了解街道，制订策略和技术，使街道内部空间与外部空间相融合。

注释

1. Spiros Kostof. (1992).*The City Assembled-The Elements of Urban Form Through History*. London: Thames and Hudson. p. 189 and Joseph Rykwert. (1982). *The Necessity of Artifice: Ideas in Architecture*. London: Academy Editions.
2. Ibid, p. 194.
3. Ibid, pp. 194, 220 & 243.
4. Allan B. Jacobs. (1993). *Great Streets*. Cambridge, MA: MIT Press. p. 5.
5. Jane Jacobs. (1993). *The Death and Life of Great American Cities*. Modern Library edn. New York: Modern Library.
6. Bernard Rudofsky. (1969). *Streets for People-A Primer for Americans*. Garden City: Doubleday & Company.
7. Donald Appleyard. (1981). *Livable Streets*. Berkeley: University of California Press.
8. Anne Vernez Moudon. ed. (1987). *Public Streets for Public Use*. New York: Van Nostrand Reinhold.
9. Jan Gehl. (2011). Life Between Buildings: Using Public Space. Washington: Island Press. pp. 103 & 168.
10. Ibid, pp. 171-197.
11. J. Jacobs, op. cit.
12. Ibid. One of these documents, the Institute of Transportation Engineers, *Designing Walkable Urban Thoroughfares*, will be discussed in more detail later.
13. In fact New Urbanist thinking is central to the positions advocated by Smart Growth America.
14. Elizabeth Plater-Zyberk, Gianni Longo, Peter J. Hetzel, Robert Davis and Andres Duany. (1999). *The Lexicon of New Urbanism*. Miami: Duany Plater-Zyberk & Co. Sect. 1.4.
15. Ibid.
16. Ibid. H1.1 & H1.2.
17. Dan Burden, Michael Wallwork, Dave Davis, Sharon Sprowls and Paul Zykofsky. (1999). *Street Design Guidelines for Healthy Neighbourhoods*. Sacramento: Center for Livable Communities.
18. Ibid.
19. Institute of Transportation Engineers. *Designing Walkable Urban Thoroughfares: A Context Sensitive Approach, An ITE Recommended Practice*. (2010). Washington: Institute of Transportation Engineers.
20. Ibid. pp. 114-203.
21. Ibid. p. 3.
22. Ibid. p. 3.
23. New York City Department of Transportation. *Street Design Manual*. (2009). New York: New York

City Department of Transportation. p. 17.

24. Ibid. p. 19.

25. Ibid. pp. 17–42.

26. Ibid. pp. 45–198.

27. U. K. Department for Transport. *Manual for Streets*. (2007). London: Thomas Telford. p. 6.

28. Ibid. p. 16.

29. Ibid. p. 12.

30. Ibid. p. 13.

31. Ibid. pp. 15–16.

32. Ibid. pp. 23–38.

33. Ibid. pp. 41–49.

34. Ibid. p. 51.

35. Ibid. pp. 52–60.

36. Ibid. pp. 63–77.

37. Ibid. pp. 79–97.

38. Ibid. pp. 99–113.

39. Ibid. pp. 115–136.

40. Vikas Mehta. (2013). *The Street: A Quintessential Social Public Space*. London: Routledge.

41. Ibid. pp. 7–65.

42. Ibid. pp. 64–65.

43. Ibid. pp. 67–96.

44. Ibid. pp. 92–93.

45. Ibid. pp. 97–115.

46. Ibid. pp. 99–100.

47. Ibid. p. 120.

48. Ibid. pp. 117–148.

49. Ibid. pp. 148–152.

50. Ibid. pp. 159–164.

51. Ibid. pp. 165–174.

52. Ibid. pp. 166–172.

53. Ibid. p. 171.

54. Ibid. pp. 171–174.

55. Ibid. p. 174.

56. Ibid. p. 177.

57. Ibid. pp. 181–202.
58. Ibid. pp. 188–202.
59. Ibid. pp. 129–131.
60. Ibid. pp. 131–133.
61. Ibid. pp. 84–89.
62. Ibid. pp. 134–135.
63. Ibid. pp. 137–138.
64. Ibid. p. 90.
65. Ibid. p. 138.
66. A. Jacobs, op. cit.
67. Ibid. pp. 2–11.
68. Ibid. pp. 15–19.
69. Ibid. pp. 20–131.
70. Ibid. p. 135.
71. Ibid. p. 134.
72. Ibid. pp. 202–268.
73. Ibid. pp. 202–204.
74. Ibid. p. 202.
75. Ibid. p. 268.
76. Ibid. pp. 270–271.
77. Ibid. p. 271.
78. Ibid. pp. 271–292
79. Ibid. pp. 293–308.
80. Ibid. pp. 271–308.
81. Ibid. pp. 311–314.
82. Ibid. pp. 14–131.
83. Ibid. pp. 270–308.
84. Ibid. p. 280.
85. Ibid. pp. 293–295.
83. Ibid. pp. 14–254.
87. Ibid. p. 87.
88. Ibid. p. 285.
89. Ibid. pp. 261–266.
90. Ibid. pp. 270–271 & 313–314.

91. Ibid. pp. 13–131.

92. Ibid. p. 305.

93. Ibid. pp. 277–281.

94. Ibid. pp. 285–287.

95. J. Jacobs, op. cit.

96. Ibid. pp. 25–54.

97. A. Jacobs, op. cit. p. 43.

98. Ibid. p. 286.

99. Ibid. pp. 286–287.

100. Meredith Glaser, Mattijs van't Hoff, Hans Karssenberg, Jeroen Laven and Jan van Teeffelen. eds. (2012). *The City At Eye Level: Lessons for Street Plinths*. Delft: Eburon.

101. Ibid. pp. 61–71, 180–191 & 122–133.

102. Mehta, op. cit. pp. 137–143.

103. Jan Gehl, Lotte Johansen Kaefer and Solvejg Reigstad. (2006). Close Encounters With Buildings. *Urban Design International*. 11 (1), pp. 29–47.

104. Ibid. p. 37.

105. Ibid. p. 38.

106. Ibid. pp. 44–46.

107. Le Corbusier. (1967). *The Radiant City*, translated by Pamela Knight, Eleanor Levieux and Derek Coltman. London: Faber and Faber. pp. 119–126.

108. Reid Ewing, Susan Handy, Ross C. Brownson, Otto Clemente, and Emily Winston. (2006). Identifying and Measuring Urban Design Qualities Related to Walkability. *Journal of Physical Activity and Health*. 3 (Suppl 1), p. S226.

109. A. Jacobs, op. cit. pp. 279–280.

110. *Designing Walkable Urban Thoroughfares*, op. cit. pp. 45–47 and *Manual for Streets*, op. cit. pp. 89–90.

111. Federal Highway Administration. *The Effects of Environmental Design on the Amount and Type of Bicycling and Walking*. (1992). Washington: National Bicycling and Walking Study, US Federal Highway Administration. p. 13.

112. Plater-Zyberk, et al., op. cit., *Designing Walkable Urban Thoroughfares*, op. cit. and *Manual for Streets*, op. cit.

113. Camillo Sitte. (1965). *City Planning According to Artistic Principles*, translated by George R. Collins and Christiane Crasemann Collins. London: Phaidon Press. p. 61.

114. Mehta, op. cit. pp. 84–90.

115. Gehl, et al., op. cit. p. 30 and Jan Gehl. (2011). *Life Between Buildings: Using Public Space*. Washington: Island Press. pp. 147–151.
116. Mehta, op. cit. pp. 138–144.
117. Mehta, op. cit. p. 89 and William H. Whyte. (1980). *The Social Life of Small Urban Spaces*. New York: Project for Public Space. pp. 19–21.
118. *Street Design Manual*. op. cit. pp. 116–131.
119. A. Jacobs, op. cit. p. 300.
120. Ibid. pp. 282–283
121. Ibid. pp. 298–299.
122. Gehl. (2011). op. cit. p. 165.
123. Ibid. pp. 23 & 155–164.
124. Mehta, op. cit. pp. 129–131.
125. Gehl. (2011). op. cit. p. 77.
126. A. Jacobs. p. 27 and Gehl. (2011). p. 159.
127. Ibid. pp. 277–281 and Ibid. p. 69.
128. A. Jacobs, op. cit. pp. 174–183.
129. Plater–Zyberk, et al. op. cit. Sect H.
130. Gehl. (2010). op. cit. p. 187.
131. Mehta, op. cit. pp. 122–124, 128 & 169 and Gehl, et al. op. cit. pp. 30–31.
132. Mehta, op. 137–138, Gehl, et al. pp. 37–39 and Jan Gehl. (1986). "Soft Edges" in Residential Street. *Scandinavian Housing and Planning Research*. 3 (2), p. 92.
133. Gehl, Kaefer and Reigstad. op. cit. pp. 37–38.
134. Ibid. pp. 32–34.
135. Ibid. pp. 37–39.
136. Mehta, op. cit. pp. 149–153.
137. Mehta, p. 128 and Gehl, et al. p. 30.
138. Whyte, op. cit. p. 19 and Gehl. (2011). op. cit. p. 23.
139. A. Jacobs, op. cit. p. 279 and Gehl, et al. op. cit. p. 33.
140. Mehta, op. cit. pp. 138–143.
141. Mehta, p. 135, A. Jacobs, op. cit. pp. 281–285 and Gehl, et al. op. cit. p. 30.
142. Mehta, pp. 119–120, 122–125 & 135 and Gehl, et al. pp. 34–35 & 37.
143. Gehl, et al. p. 34.
144. A. Jacobs, op. cit. pp. 283–285.
145. Ewing, et al. op. cit. p. 226.

146. Gehl, et al., op. cit. pp. 34-35.

147. A. Jacobs, op. cit. pp. 283-285 and Gehl, et al. p. 34.

148. Gehl. (2010). op. cit. p. 41 and Gehl. (2011). op. cit. p. 69.

149. A. Jacobs, op. cit. pp. 279-280.

150. Gehl. (2010). op. cit. p. 76 and Gehl, et al., op. cit. pp. 30-35.

151. Gehl, et al. pp. 32-35.

Chapter Four 第四章 城市与街道：数据集
Cities and Streets: The Data Set

0 100 250 500 1000m

1A
斯特丹城市平面图

0 100 250 500 1000m

.1B
斯特丹城市剖面图

荷兰阿姆斯特丹　　　　　　　北纬52°22′26″，东经4°53′22″

　　阿姆斯特丹建于13世纪晚期，14世纪成为著名的贸易港口。这座城市位于荷兰西北部的阿姆斯特尔河畔和艾瑟尔湖畔，地形平坦。人们最初在河流上修建了水坝，后来修建了独特的运河网络，进行土地开垦，一直到19世纪又修建了北海运河，可以说它是数世纪以来人类改造自然景观的成果。数条运河环绕着城市的中世纪核心区，林立着4～5层的砖砌建筑，形成狭窄的街道和密集的城市形态。这座城市空间低矮、狭小，街墙垂直，运河带来高度的变化，具有活跃的地平面。19—20世纪，市中心向外扩展，规划得更辽阔、笔直。[1]

阿姆斯特丹旧胡格街

　　旧胡格街呈东西走向，位于阿姆斯特丹的中世纪核心区。同阿姆斯特丹市中心的大部分地方一样，街墙都是由4～5层砖砌建筑组成的，车道狭窄（2.9米/9英尺6英寸），两侧人行道也不宽敞（2米/6英尺7英寸），形成垂直空间，而连续的街墙清晰地界定了空间的轮廓。一楼空间通常直接与街道相连，有着大型的门洞和规则的入口通道，所以街墙底部可供穿行。街道为步行街，车道则供自行车、紧急和服务车辆通行。旧胡格街街道狭小，充满人性化，有着精妙的空间品质和材料铰接。

图 4.1C
旧胡格街街道平面图

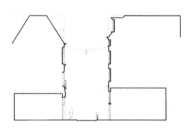

图 4.1D
旧胡格街街道剖面图

图 4.1E
阿姆斯特丹照片

图 4.2A
曼谷城市平面图

图 4.2B
曼谷城市剖面图

泰国曼谷　　　　　　　　　　北纬13° 45′ 00″，东经100° 31′ 00″

　　曼谷很久以前便有人居住，但直到1782年才确定成为泰国首都，并发展成该国的主要贸易港口。湄南河流经这座城市，曼谷就位于河流的三角洲平原之上。这座城市最初主要依靠水路通行，利用河流或修建的运河网络作为主要流通形式，将货物从内陆送往

0 100 250 500   1000m

0 100 250 500   1000m

港口。第二次世界大战后曼谷发展迅速，尤其是在20世纪80年代出现了爆发式增长。但是城市的大部分增长没有节制，既出现了低层扩张，也有高层建筑群。第二次世界大战后的交通规划以车辆交通为主，城市也沿着道路网络而发展扩散。由此形成的城市肌理呈现出比较混乱的画面，城市各个部分聚集在一起，却没有形成连贯一致的整体。曼谷的街景充满活力，人、自行车、摩托车、汽车、招牌、遮阳篷、雨伞、摊贩小车和食品摊位，无所不有。[2]

曼谷考山路

考山路不长，是一条大体上东西走向的街道，位于曼谷历史核心区的北侧。街道空间由街墙前方的一系列层次组成，街墙底部开着商店，还有食品摊、摊贩小车和汽车，上方有大量招牌、遮阳篷和阳台。街墙的高度为1～6层不等，主要为4层。小商业街常见的那种车道，有停车空间，可以双向行车（8.7米/28英尺6英寸），实际上还需要调节商贩和车辆的关系。人行道规模中等（4米/13英尺），各种零售摊位销售着食品、手工艺品和其他商品，形成层次丰富的街道空间。一楼空间可以和街道外部空间直接进行互动。小型的市场摊位和摊贩小车破坏了街道空间，使街道不再呈直线状，而是生成了多个选项，并形成极为活跃的视觉环境。挑出的阳台、遮阳篷和招牌闯入街道空间，强化了这些效果，并激活了一楼以上的空间。这条街道由于本质上未受管制，因而成为一个充满活力和感性体验的地方。

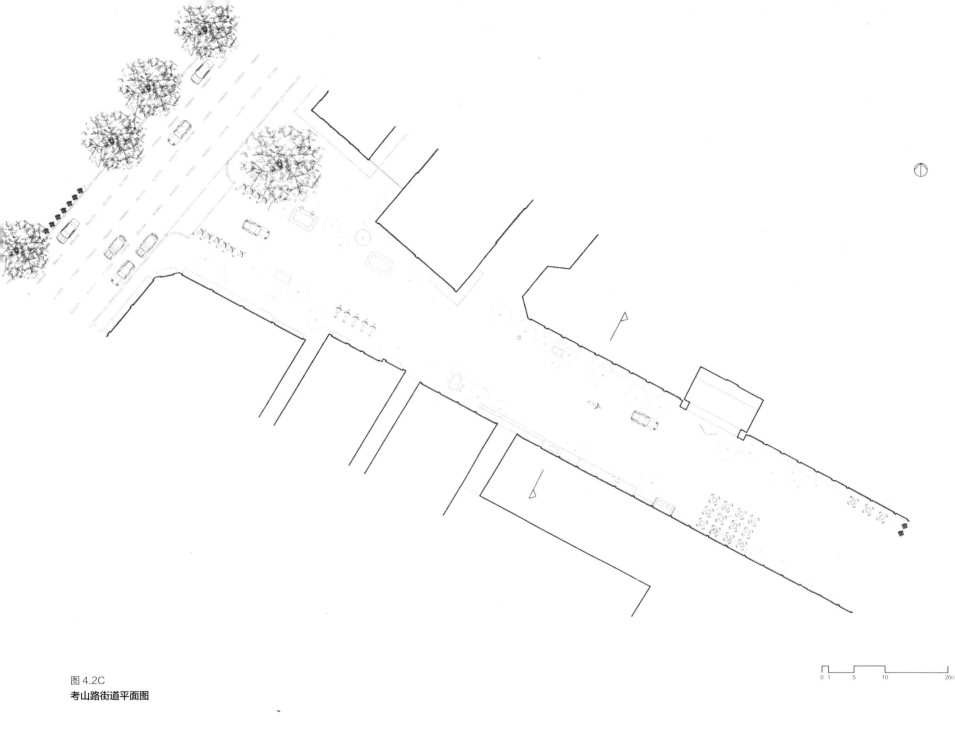

图 4.2C
考山路街道平面图

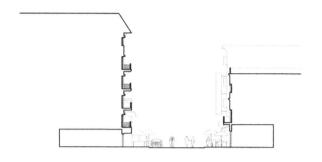

图 4.2D
考山路街道剖面图

图 4.2E
曼谷照片

图 4.3A
北京城市平面图

图 4.3B
北京城市剖面图

中国北京　　　　　　　　　　北纬39° 54' 27″，东经116° 23' 50″

　　北京是一座非常古老的城市，新石器时代就有人类居住于此。历史上此处建立了许多城市，而现在的北京城始建于15世纪。北京地处燕山山脉的军都山山脚，主城位于永定河与潮白河之间的平原，几乎没有地形变化。城市最初的平面图四四方方，有一条南

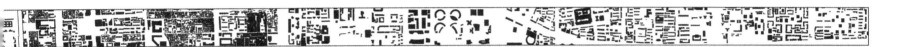

0 100 250 500   1000m

0 100 250 500   1000m

北主轴线，形成笔直的街道格局。旧城肌理低矮、方正。第二次世界大战结束后，特别是过去几十年来，北京发生了巨大的变化，主要是向中高层发展，住宅和商业高楼取代了传统的低层建筑。这座城市的空间格局大多是第二次世界大战结束后城市规划的成果，在商业区修建的高楼一定程度上忽视了与街道的关系，而位于住宅区的多层公寓楼

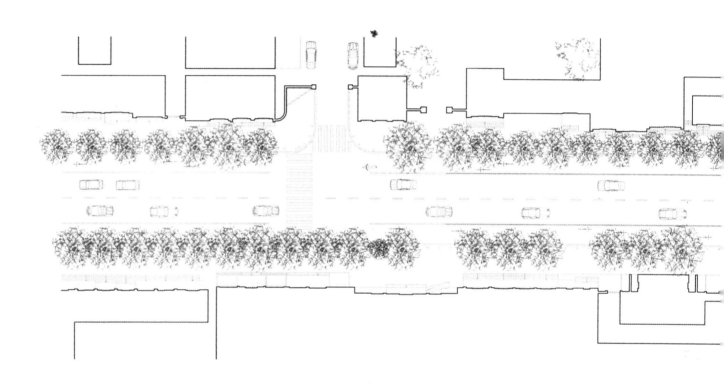

图 4.3C
鼓楼东街街道平面图

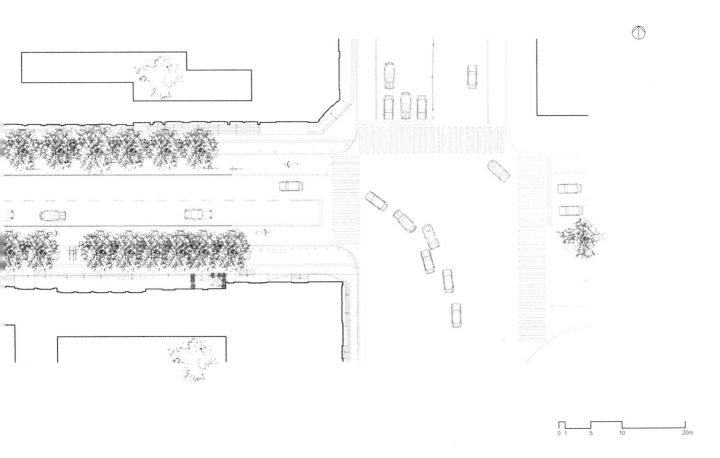

则占据着景观区域。在高楼底部，街景支离破碎，没有一致的街墙。许多街道都非常宽敞，缺乏清晰的空间轮廓。[3]

北京鼓楼东街

鼓楼东街街道呈东西走向，其西端正是北京南北轴线的北端，有两座标志性的古老建筑——钟楼和旧鼓楼。街道两侧是单层建筑，建筑地基比人行道高出半层，拾级而上可到达一楼。人行道宽度中等（4.5米/14英尺9英寸），设施区内有一排树木，将人行道与自行车道（3米/9英尺10英寸）隔开，接着是供车辆通行的双车道（7.8米/25英尺7英寸），由此形成层次丰富且宽敞的水平空间。树木和低矮的街墙构成了三个主要空间：中央空间以树木为界，包括车道和自行车道，两侧各有一个行人空间，由低矮的街墙和一排行道树构成。这些主要空间同样呈现多个层次，自行车道修饰了车道，而行人空间则由于树木和通往内部空间的台阶而有所调整。

图 4.3D
鼓楼东街街道剖面图

图 4.3E
北京照片

图 4.4A
波士顿城市平面图

图 4.4B
波士顿城市剖面图

美国波士顿　　　　　　　　北纬42°21′30″N，西经71°03′35″

　　1630年，英格兰清教徒在位于查尔斯河和马萨诸塞湾之间的肖马特半岛上建立了波士顿。该地地形是冰川运动的结果，冰川和冰川沉积物开辟出水道，在城市周围形成丘陵、水域和岛屿。波士顿见证了美国城市发展的各个阶段，在17世纪，城市最初是由港口周围密集而有机的街道格局组成的。后来城市又经历了几个发展阶段，进行了垃圾填埋，修建了水坝并扩建了城市，18世纪在比肯山修建了规则紧凑的街道，19世纪又在后湾修建了街道网格，修建了巴洛克晚期风格的联邦大道以及弗雷德里克·劳·奥姆斯特德设计的"绿宝石项链"公园。第二次世界大战后市区进行了重建，20世纪60年代和70年代修建的中央干道和商业高楼极大地改变了城市的规模和形态。近年来，被称为"大开挖"的中央干道/隧道工程将高架公路转入地下，并代之以城市公园网。波士顿的空间特征表现出城市模式的这种分层，即在原有商业滨水区发展商业和休闲活动，而在中央商业区修建大型综合塔楼。狭窄的街道上林立着小型砖砌建筑，各种历史地标的周边则混杂着3 ~ 4层的居民住宅。[4]

波士顿纽伯里街

纽伯里街呈东北—西南走向，位于后湾区，该区是在19世纪通过垃圾填埋建成的。街墙主要由3 ~ 4层的褐色砂石构成。这条街道最初是一条住宅街道。在20世纪，街道一楼大多改为商业零售用地，楼上则是住宅公寓。这条街道的人行道很宽（约8米/26英尺），其中一部分在设施区内，建有小庭院，种植了行道树，立有灯柱。街道的车道是相当典型的双车道（12米/34英尺4英寸），两侧分别设有停车道。街道内外部空间之间的过渡形式各不相同，有时候一楼高出人行道半层，偶尔下方还有一个带着庭院的零售商店。这就形成了丰富多彩的过渡区，具有广泛的用途和多种空间品质，这里既可以是私人庭院、店面座椅区，也可以是非正式的社交场所。街墙围合形成清晰的空间轮廓，加上形形色色的过渡区，打造出一个活跃的公共空间，人们在此间通行、购物、进行社交活动。

图 4.4C
纽伯里街街道平面图

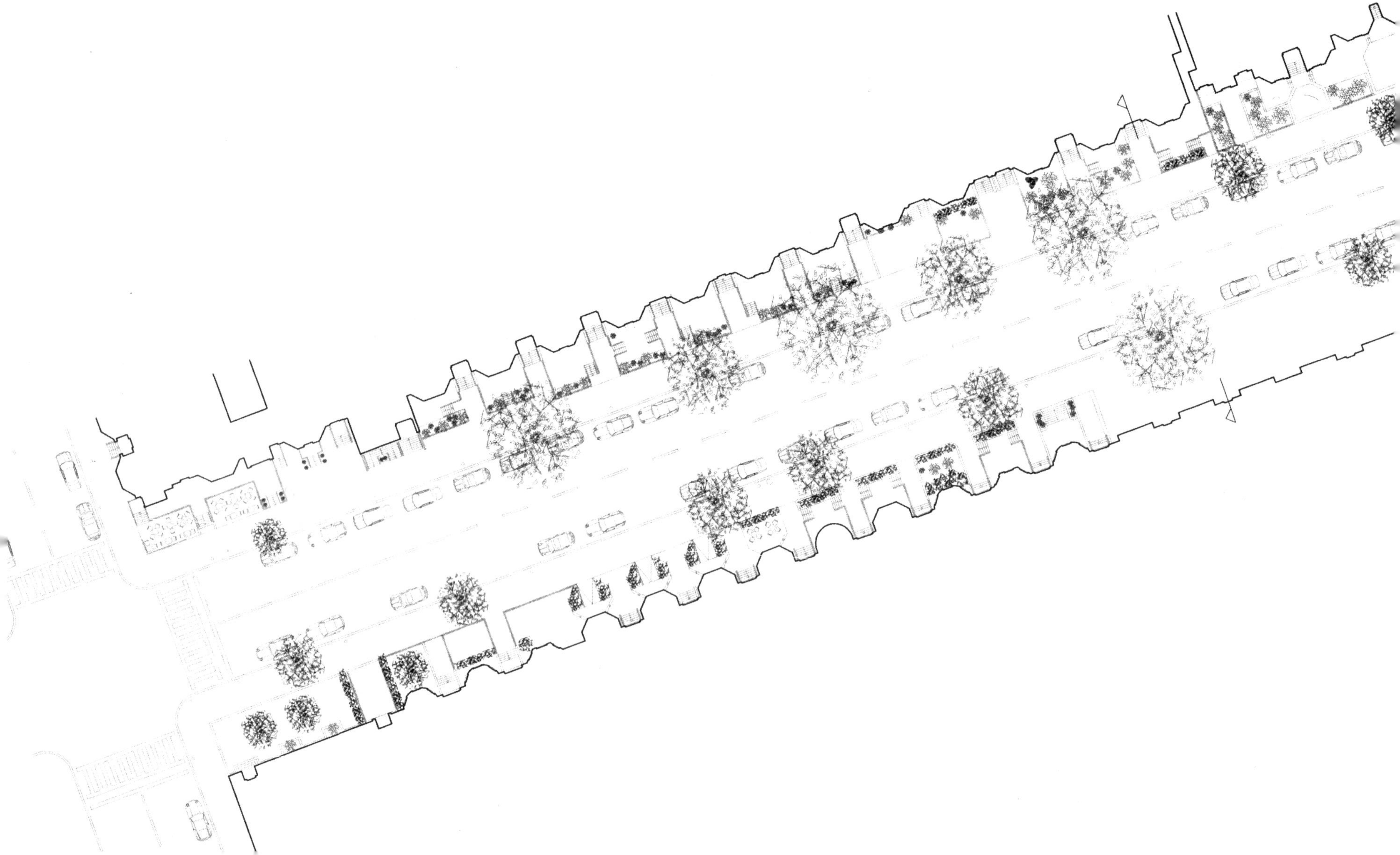

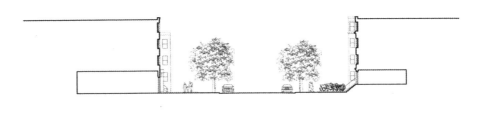

图 4.4D
纽伯里街街道剖面图

图 4.4E
波士顿照片

图 4.5A
布宜诺斯艾利斯城市平面图

图 4.5B
布宜诺斯艾利斯城市剖面图

阿根廷布宜诺斯艾利斯　　　　　南纬34°36′47″，西经58°22′38″

　　尽管布宜诺斯艾利斯所在地区早已有人类居住，但是直到1580年，这座城市才在拉普拉塔河南岸永久建立，并从巴拉那河和乌拉圭河的宽阔河口一直延伸到大西洋海岸。这座城市坐落在阿根廷农业平原的北部沿海边缘，与众多小型水道交汇，海拔几乎没有变化。宽阔的大道将城市划分为各个可识别区域，而街道格局则被大道的对角线切割为

0 100 250 500   1000m

0 100 250 500   1000m

网格状。19世纪的新古典主义建筑和20世纪的现代主义建筑混杂，街道两侧的中层大楼间通常夹杂着高层住宅楼。布宜诺斯艾利斯具有开放的空间，因其街墙风格一致，车道宽阔，通常被认为具有欧式规模和美学。该市还有大面积的非正式居住区，这里缺乏有组织的基础设施，或者没有得到官方认可。这些非正式居住区呈有机形态，街道狭窄紧凑，建筑结构为1 ~ 2层，城市公用设施极为有限，并与另一些管理区域的品质形成强烈对比，容易引发重大的社会、环境和城市问题。[5]

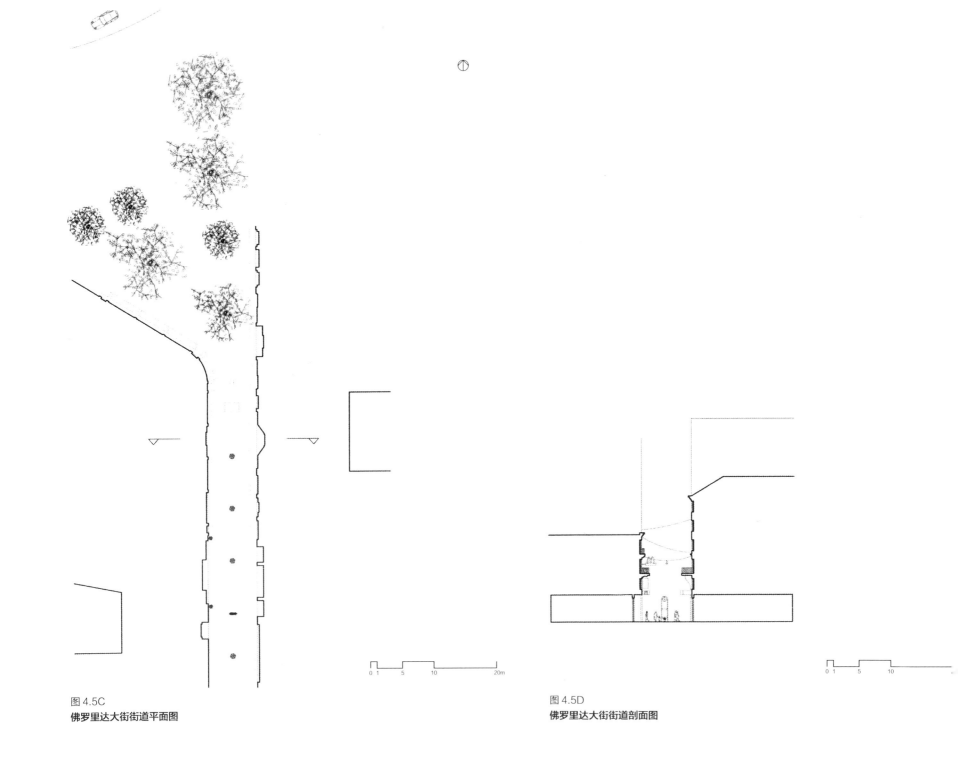

图 4.5C
佛罗里达大街街道平面图

图 4.5D
佛罗里达大街街道剖面图

0 1   5   10   20m

0 1   5   10

布宜诺斯艾利斯佛罗里达大街

佛罗里达大街位于布宜诺斯艾利斯中心，是一条南北走向的步行街，零售商店与人行道齐平。与布宜诺斯艾利斯的其他街道一样，佛罗里达大街的街墙高度不等，既有3层建筑，也有十四五层高的大楼。街墙之间的人行道狭小（7.6米/25英尺），形成一个高而垂直的空间围合。街墙立面铰接着各种元素，包括阳台、遮阳篷、檐篷、招牌和照明系统。街墙底部形式多样，有凹槽、商店橱窗和入口通道。街道中央附近为街道公用设施和花架带，偶尔有零售摊棚，提供有休闲座椅，可以展开社交互动。空间围合、街道设施、充满刺激视觉的街墙，与水平和垂直空间分层相结合，打造出一个特征强烈、活跃的城市空间。

图 4.5E

布宜诺斯艾利斯照片

图 4.6A
开普敦城市平面图

图 4.6B
开普敦城市剖面图

南非开普敦　　　　　　　南纬33°55′00″，东经18°25′00″

　　1652年开普敦建立，为荷兰东印度公司的船舶提供物资。这座城市位于桌湾海岸和桌山山麓之间的平地，如今已经扩展到东部平原，并向桌山和信号山山麓扩展。城市核心是始于殖民时期的道路网格，主街道宽敞，并进一步划分为更小的街道，既有历史悠久的低层建筑，也有一系列中高层建筑，工业和住宅区向东部方向水平发展。第二次世界大战结束后，开普敦修建了高速公路网，并沿着市中心的滨水线修建了高架公路。受第二次世界大战后规划原则的影响，开普敦优先考虑车辆交通通行，导致城市肌理有些杂乱，缺乏空间轮廓。城市的空间特征呈水平状，而第二次世界大战后修建的高楼以及位置后移的建筑物和停车设施破坏了之前一致的街墙特征。[6]

开普敦长街

长街呈东北—西南走向，是开普敦殖民时期道路网格的一条二级街道。这条街道的建筑物建于不同时期，从殖民时期到19世纪再到当代，因此建筑物高度不等，街墙底部和外墙各异。街道的东北端主要是6 ~ 10层的当代中层建筑，还有一些20层的高楼。而往西南方向延伸，街道的规模降低，第二次世界大战前2 ~ 4层的各式建筑再次出现。车道宽度适中（12.4米/40英尺8英寸），有两条行车道，两侧各有一条停车道。车道两侧的人行道是标准的宽度（3.5米/11英尺6英寸），邻近商家经常在户外设置座椅。楼上常有挑出的室外门廊，在人行道上形成遮阳拱廊。许多历史拱廊都有着精致的建筑细节，在视觉上形成令人瞩目的街景。整体上，街道的空间围合强大，街墙底部活跃，但是一些较大的建筑物破坏了街道的规模关系。

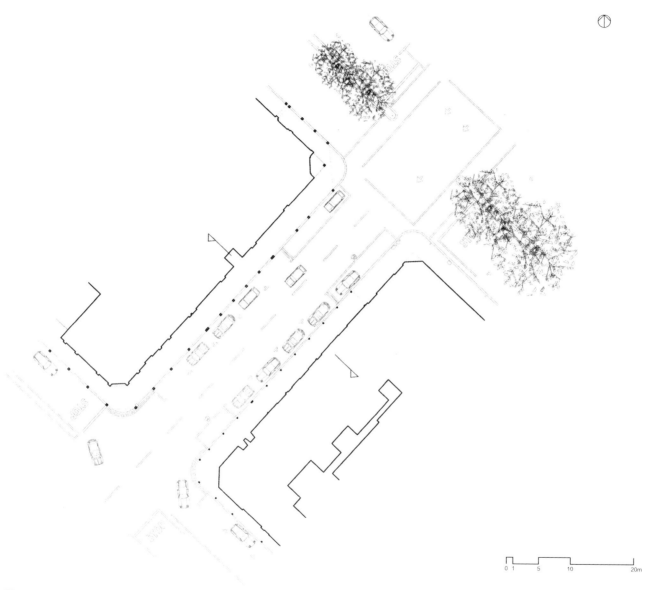

图 4.6C
长街街道平面图

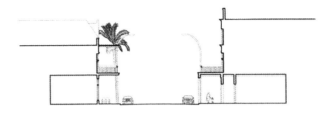

图 4.6D
长街街道剖面图

图 4.6E
开普敦照片

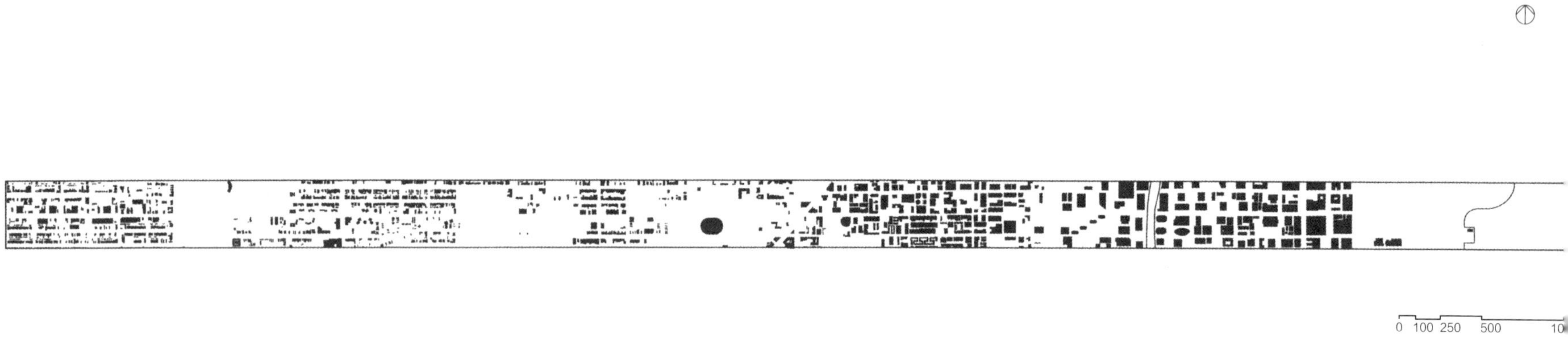

图 4.7A
芝加哥城市平面图

图 4.7B
芝加哥城市剖面图

美国芝加哥　　　　　　　　　北纬41°51′00″，西经87°39′00″

19世纪早期，芝加哥在芝加哥河河口建立。19世纪中叶，这座城市成为连接美国内陆、西部与东海岸市场的铁路终点，得到了迅速发展。芝加哥从密歇根湖西岸向冰川平原扩展。城市的水平形态是由测网的规律性定义的，而网格的扩张是对北美辽阔草原的回应。芝加哥视车辆为商业流通的主要工具，因而为车辆的快速通行设计了宽阔的车道。该市主要是低层建筑，有大片2～3层的独立住宅楼，但是该市却以中央商务区的高层建筑群而闻名。从19世纪末开始，芝加哥成为高层建筑的实验场所，先是将承重砌体推向极限，接着又试验了钢结构多层建筑，并使之系统化。宽敞、规则的街道分隔了城市平面，形成网格，其水平特性与垂直核心产生显著对比，使城市形成开放的空间品质。城市规模大，城市形态充满力量和韧性，而街道也同样拥有这些特征，无论是住宅街还是商业街都是实用且活跃的。[7]

芝加哥南州街

南州街呈南北走向，穿过芝加哥中央商务区卢普区的中心，是该市最早最著名的商业街道之一。街墙主要由10～20层高的中高层建筑组成。车道宽阔（17.5米/57英尺5英寸），可容纳四车道，并用路标划分中线，车道两侧的人行道宽敞（6.65米/21英尺10英寸），两面街墙之间形成广阔的空间。街墙高度不一，因此南州街的高度与宽度的比例并不统一，但大多为1：1，呈现宽敞的空间体块。人行道上铺设着大型花架、树木、长椅、灯柱和横幅，对人行道空间进行分层，供行人驻足，提升视觉刺激，并在行人区域和车道上的车辆之间形成缓冲。街道空间适应商业规模，能够支持大量人流、车流及其带来的各式活动。

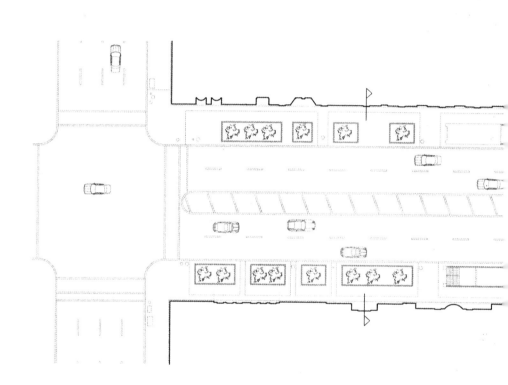

图 4.7C
南州街街道平面图

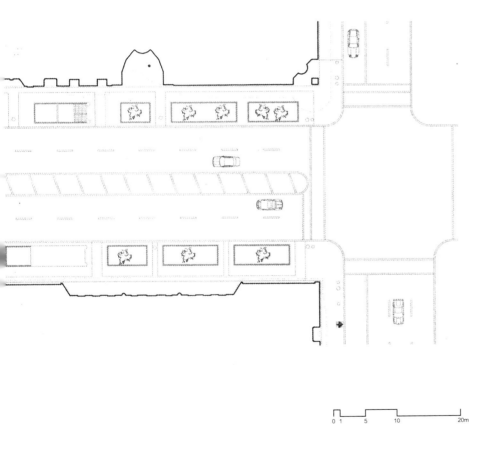

0 1　5　10　　20m

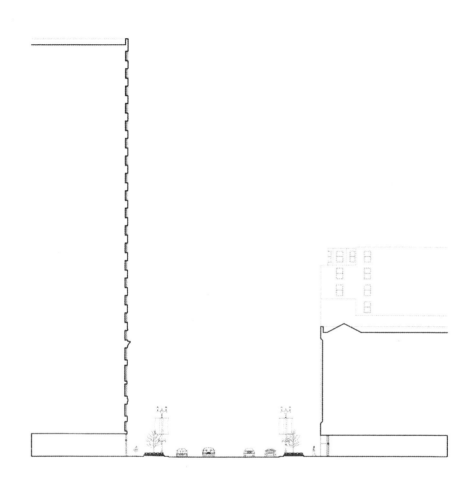

图 4.7D
南州街街道剖面图

图 4.7E
芝加哥照片

图 4.8A
哥本哈根城市平面图

图 4.8B
哥本哈根城市剖面图

丹麦哥本哈根　　　　　　　北纬55°40′33″，东经12°33′55″

12世纪初，一个小型居住点因为设防而成为城镇，又因为贸易和皇室赞助而成为城

市。哥本哈根横跨两个岛屿——西兰岛和阿玛格尔岛——其间的航道形成古老的港口。

这座城市地形平坦，水湾、水渠和湖泊遍布，兼具工业、商业、军事和休闲属性。城市

普遍是由混凝土和砖石砌成的3 ~ 5层的低矮建筑，现今大部分的城市肌理始建于18世纪

0 100 250 500 1000m

0 100 250 500 1000m

末。哥本哈根有许多建筑古迹，既有北欧巴洛克式的宫殿和教堂，也有民族浪漫主义时期的新古典主义典型建筑。街墙通常形成一致的围合。城市空间规模适度，外墙设置巧妙，围合着许多小型街道和公共场所。自20世纪70年代以来，这座城市一直追求老城中心步行化，从而增添了城市的活力，丰富了城市的社会用途，使哥本哈根成为城市规划以人为本的典范。[8]

哥本哈根维莫尔斯卡夫特街

维莫尔斯卡夫特街为东西走向，位于老城中心。车道和人行道融合在一起，必须由
车辆、自行车和行人共享。路面狭窄（5.6米/18英尺4英寸），周围是3 ～ 4层的建筑物，

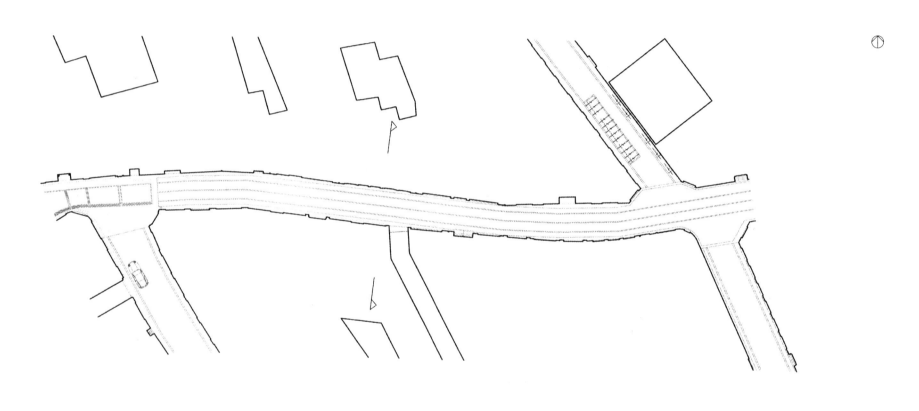

图 4.8C
维莫尔斯卡夫特街街道平面图

伴随着变化的外墙、招牌和遮阳篷，形成垂直空间。街墙底部整合了街道的内外部空间，大多数内部空间与道路齐平。如果一楼被抬高，则通常设有出入口。平面图里，街道缓缓弯曲，随着视线的延伸，形成闭合空间。个别外墙在拐弯处折叠，产生一种绝妙的视觉体验。建筑风格、材料、颜色和纹理在这里结合，使该街道形成了具有迷人视觉体验的城市空间。

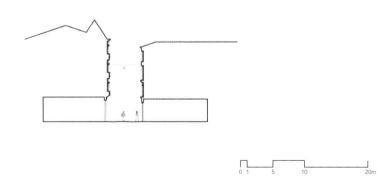

图 4.8D
维莫尔斯卡夫特街街道剖面图

图 4.8E
哥本哈根照片

图 4.9A
非斯城市平面图

0 100 250 500 1000m

0 100 250 500 1000m

图 4.9B
非斯城市剖面图

摩洛哥非斯　　　　　　　　北纬34° 02′ 13″，东经4° 59′ 59″

　　人们于公元8世纪末在非斯河东岸、9世纪初在非斯河西岸分别建立了居住点，11世纪时两个居住点合并为非斯。非斯是重要的伊斯兰文化圣地，拥有北非最古老的清真寺，也是卡拉维斯因大学所在地，这所大学历史上是伊斯兰学术的中心。非斯位于中阿特拉斯山的山麓平原上，几乎没有高度变化，只有从非斯的麦地那古城的中心到边缘处，往远离河道的方向有一点坡度。这座城市由3 ~ 4层砖石建筑组成，偶尔有北非特色的方形垂直尖塔。第二章曾讨论过，这种城市形态源于《古兰经》的宗教法则，为了保护居民家庭的隐私，城市建设得如迷宫一般，而且有着狭窄紧凑的街道。城市整体呈水平形态，街道轮廓垂直。小型街道形成狭小的空间，人口众多，商业和社会互动频繁。[9]

非斯塔拉科布利亚街

塔拉科布利亚街自西南至东北穿过城市的核心。同古城的大多数街道一样，这是一条步行街，没有车辆通行。路面狭窄，宽度不一（3米/9英尺10英寸到从5米/26英尺5英寸），灰泥粉饰的街墙形成围合，门洞简单，有遮阳篷，许多入口通道上方是骑楼，偶尔还有物件横跨街道。尽管城市呈现低矮的形态，但是密集狭窄的街道形成了垂直的空间体验。一楼空间有许多是商店，开口直接朝向路面，并经常利用部分公共空间来展示商品，形成了活泼、充满视觉刺激的空间。随着街道的延伸，街墙在视线内时隐时现，形式各异。邻近街墙的狭窄空间，因为变化的光线和形式而显得生动，赋予了街道密集、动态的空间品质。

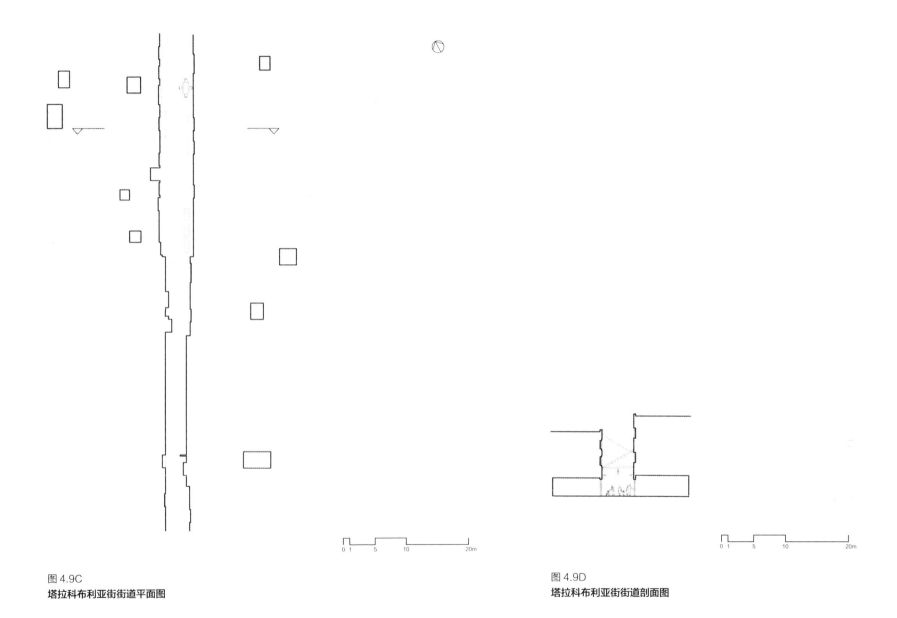

图 4.9C
塔拉科布利亚街街道平面图

图 4.9D
塔拉科布利亚街街道剖面图

图 4.9E
非斯照片

图 4.10A
热那亚城市平面图

图 4.10B
热那亚城市剖面图

意大利热那亚　　　　　　　北纬44° 24′ 22″，东经8° 56′ 01″

　　热那亚历史悠久，因为拥有天然港口而成为罗马帝国繁荣的渔港和贸易港口，后来成了文艺复兴时期最强大的商业城市之一，贸易网络遍布地中海沿岸地区。热那亚位于意大利半岛西海岸，南临利古里亚海，海岸线在这里向西拐弯。该市位于亚平宁山脉的山脚，占据着港口周围狭长的沿海地带。城市结构以港口为中心，逐次向外扩展而形成热那亚。防御城墙和周围丘陵的压迫催生了紧凑有机的城市形态。城墙拆除之后，增添了部分规则的街道格局。城市的历史核心分布密集，且地形多变，形成垂直的形态，7 ~ 8层高的建筑挤在一起，沿着陡峭的山坡向上爬升。中心区域的网络复杂，街道非常狭窄，社区教堂的周围有一些小型公共空间。由于城市地面高度不一，垂直的街道被挤成黑暗的狭缝空间，而头顶只有一线蓝天。这个细粒度网络充斥着商业活动和社区生活，形成了充满活力的社交型街道，成为热那亚的基本公共场所。[10]

热那亚圣贝尔纳多街

圣贝尔纳多街的起点在海滨，自西北向东南穿过这座中世纪城市的中心地带，历史上一直是一条重要的商业街。街道上立着5 ~ 7层的砖石建筑，其间铺设着狭窄的通行地带（+/−3米/9英尺10英寸）。街墙底部通常是规则的门洞，通往一楼的商店或楼上的小庭院。沿街的内部空间直接与外部空间相连，最多只是为了适应街道的斜坡而在门槛处设一级台阶。外墙主要是经过涂抹的灰泥墙壁，每层都有小型开口。墙面简单，偶尔点缀着建筑细节，比如可开启的木质百叶窗、壁挂式灯具、壁龛中的宗教偶像等。街道主要由行人使用，但摩托车和服务车辆也能在街道上通行，这就要求每个人小心使用街道的共享空间。街道体块高大，具有强烈的围合感和空间压迫感。街道空间充斥着各式活动，人来人往，是一个活泼、充满刺激的城市社交场所。

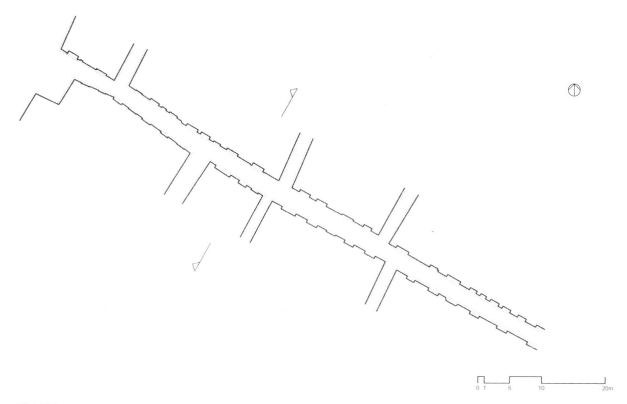

图 4.10C
圣贝尔纳多街街道平面图

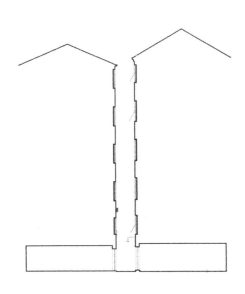

图 4.10D
圣贝尔纳多街街道剖面图

图 4.10E
热那亚照片

图 4.11A
格拉斯哥城市平面图

图 4.11B
格拉斯哥城市剖面图

苏格兰格拉斯哥　　　　　　　　　　北纬55° 51′ 54″，西经4° 15′ 27″

公元6世纪，圣·肯迪格恩在克莱德河浅滩的山丘上建立了宗教社区，格拉斯哥从此成为居住点。格拉斯哥横跨河流的南北两岸，商业中心位于北岸，19世纪时大范围扩张到南岸。格拉斯哥的地形是河流和冰川沉积物作用的结果。城市北部的冰川沉积物形成一系列丘陵，地势向河流倾斜。南部虽然更平坦，也有丘陵，只不过这些丘陵更矮，距离更远。工业革命期间格拉斯哥迅速扩张，并反映在城市形态上——在中世纪格局上方

0 100 250 500 1000m

0 100 250 500 1000m

叠加着直线结构。这座中世纪城市在18世纪时扩建了正交街道，19世纪初期的城市网格正式向西进一步扩张。该市主要由3～4层的砖石大楼组成，位于商业中心的19世纪时期的建筑物则更高，其间还夹杂着20世纪时期的塔楼。第二次世界大战后，格拉斯哥经历了一段经济衰退期，沿河的许多工业场地被空置，近年来才开发成豪宅。这个时期的格拉斯哥也进行了各种市区重建的尝试，清理了密集、低矮的居民区，在市区和郊区代之以尖形塔楼，并在市中心的西侧修建了高速公路。这些变化影响了格拉斯哥的空间品质。保存完好的19世纪城市肌理有着强大的空间围合和连贯的地域感，而重建部分则形成了比较糟糕的城市关系和杂乱的空间品质。[11]

格拉斯哥巴斯街

巴斯街为东西走向，从19世纪初格拉斯哥的扩建部分一直延伸到商业中心西侧。尽管街道东西两端是20世纪的中层建筑，但是街道的大部分仍是乔治时期的石灰石露台屋。街墙一致，且远离人行道，形成具有包容性的水平体块，光线也得以穿透到一楼。街道的整体比例和特征都很大气。人行道与建筑物的品质相称，宽度舒适（3.25米/10英尺8英寸）。沿着四车道（14.17米/46英尺6英寸）有一排铸铁照明灯具。石灰石外墙则精心设计了丰富的古典建筑细节。采光井边缘的低矮石墙上立着铸铁栅栏。栅栏内有一段台阶，拾级而上可走到一楼，柱子在这里构成一个小门厅。这种建筑次序在垂直和水平方向上都形成了丰富的空间层次。设计之初，巴斯街是一条宽阔的住宅街道，现在则布满了商业办公场所、餐馆、零售商店和酒店。

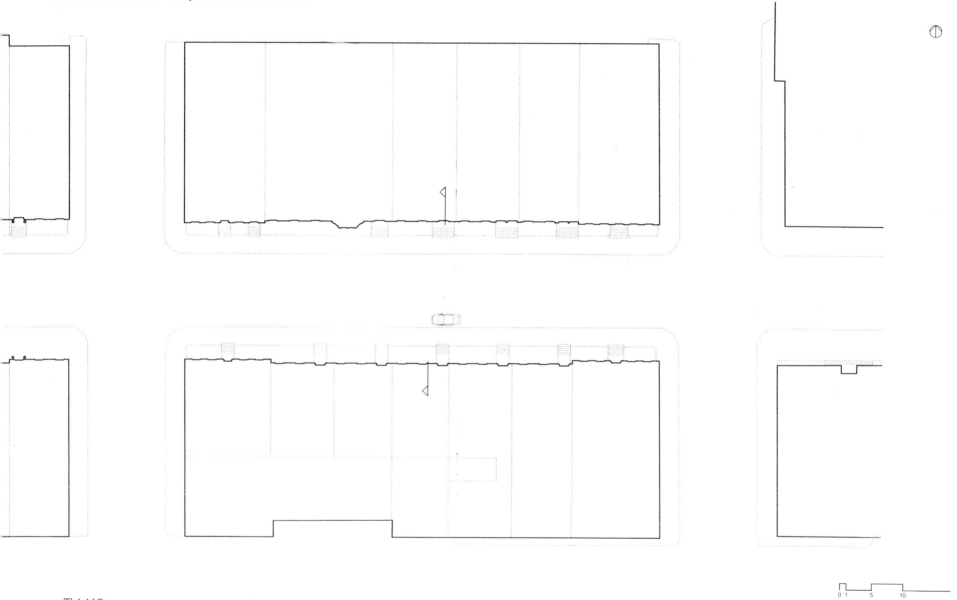

图 4.11C
巴斯街街道平面图

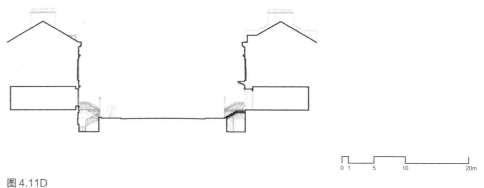

图 4.11D

巴斯街街道剖面图

图 4.11E

格拉斯哥照片

141

图 4.12A

拉各斯城市平面图

图 4.12B

拉各斯城市剖面图

尼日利亚拉各斯   北纬6° 27′ 11″，东经3° 23′ 44″

    拉各斯最初是一个从事渔业和贸易的村落，后来成为主要的奴隶贸易中心，曾经先后成为葡萄牙和英国的殖民地。这座城市发端于拉各斯潟湖的拉各斯岛，并扩展到大陆和周边的其他岛屿，成为尼日利亚最大的城市。城市最古老的部分在拉各斯岛的西北端，街道格局并不规则，1 ～ 2层建筑比较破败。东南方向是中央商务区，街道格局方正，既有殖民时期的建筑，也有当代高层建筑。自20世纪60年代以来，拉各斯一直在迅

速发展，依靠大型道路和桥梁连接的肆意扩张的大都市地区地形平坦，与海平面相当，中央商务区核心之外的城市形态主要呈水平状。城市有一大片住房未受管制，公用设施不足。这些地区主要由狭小而密集的单层建筑组成，流通路线狭窄。随意的街景和主要呈低矮状的城市肌理共同定义了城市的空间特征。这座城市公共空间活跃，混合着商业、社会活动、人流和车流。[12]

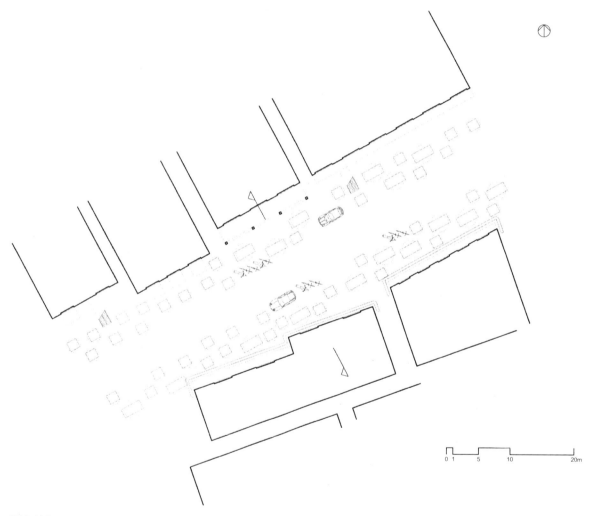

图 4.12C
电脑村街道平面图

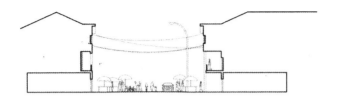

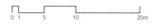

图 4.12D
电脑村街道剖面图

图 4.12E
拉各斯照片

拉各斯电脑村

电脑村在拉各斯大陆部分的东北侧，位于机场旁边。车道自西南向东北，未经铺砌，宽度不等（约17米/55英尺9英寸至近23米/75英尺6英寸），街边的建筑物高3～5层，参差不齐。建筑物之间的开放空间被随意划分为五个区域，街道中央是流通空间，相邻两侧各有一个区域被商贩、小货摊和头顶的遮阳伞占据，并各有一个空间可以进入内部空间。街道就是喧闹的市场，混杂着行人、自行车和机动车辆。沿街的遮阳伞、摊位和推车将街道中央包围，形成一个低矮的空间围合。街墙风格各异，建筑物高度不一，彼此之间也留有空间。建筑物外墙铰接着阳台、遮阳篷、凹陷的入口通道和广告牌。人员流动、多个垂直和水平空间、商品展示空间，加上汇集的摊位和小桌，形成了丰富的视觉刺激和活跃的城市场所。

城市剖面图： 城市和街道设计解析工具

The Urban Section: An analytical tool for cities and streets

图 4.13A
伦敦城市平面图

图 4.13B
伦敦城市剖面图

英国伦敦   北纬51° 30′ 30″，西经0° 07′ 32″

伦敦建于公元2世纪，当时是罗马属地，其历史上一直是英格兰地区主要的贸易和文化中心。这座城市地处英格兰东南部，最初位于泰晤士河北岸，现在横跨河流两岸，面积大幅扩展，达到607平方英里（约合1572平方千米）。城市坐落在宽阔的河谷，地形平坦，几乎没有高度的变化，只在城市边缘有低矮的丘陵。伦敦的街道格局不一，既有中世纪的有机街道，有18世纪的城市网格，也有不朽的林阴大道，以及众多零散的、不规

146

则的街道。城市有多个组织中心，并分成政治、金融、娱乐和购物区。伦敦的城市肌理大部分是18世纪和19世纪时期的2 ~ 4层砖砌建筑，还有大量20世纪的建筑穿插其中。伦敦城是伦敦的金融区，这里的中世纪街道网有着越来越多的垂直的塔楼群。随着城市向外扩张，整体的空间呈现水平状。第二次世界大战后，伦敦的发展遵循现代主义规划原则，在绿地上修建了大型高层住宅，并开发了供车辆高效通行的道路网。虽然许多街道因此遭到破坏，这座城市街道的空间轮廓仍然极为强大，有着一致且与人行道对齐的街墙。20世纪晚期开始，城市进行了大量重建工作，其中大多采取城市设计策略来打造活跃的公共领域。尽管也有失败，这些努力仍然极大提高了城市公共空间的整体质量，形成了复杂、多样、激烈的城市环境。[13]

伦敦夏洛特街

夏洛特街呈东南—西北走向，位于伦敦西区的费兹洛维亚区，是18世纪发展起来的。和周边大部分地区一样，夏洛特街主要是3 ~ 4层砖砌建筑，北端有一些5 ~ 6层的20世纪建筑。这条街道规模适中，车道宽度中等（9.4米/30英尺10英寸），人行道也不宽（4米/13英尺）。它的有趣之处在于街墙底部和人行道过渡区的灵活变化。有时候，一小片区域被当作内部空间的前院或阳台。另外一些时候，人行道与建筑物的立面会有一段距离，光线可以轻松穿透到人行道地面，许多内部空间开口直接朝向人行道。夏洛特街具有清晰的空间轮廓，街道体块被视为是一个有包容性的整体。街道的规模充满了人性化，一楼的许多内部空间有着吸引人们眼球的材质和建筑细节，因而直接融入街道空间。

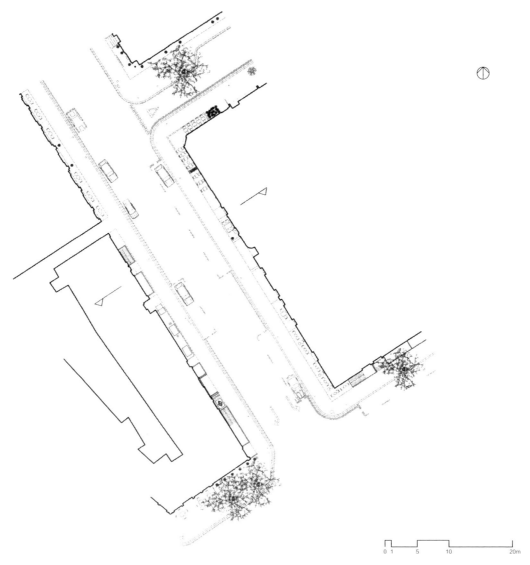

0 1   5   10   20m

图 4.13C
夏洛特街街道平面图

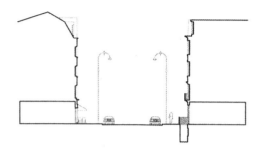

图 4.13D
夏洛特街街道剖面图

图 4.13E
伦敦照片

图 4.14A
墨西哥城城市平面图

0 100 250 500

图 4.14B
墨西哥城城市剖面图

墨西哥墨西哥城　　　　　　　　　北纬19° 25′ 42″，西经99° 07′ 39″

　　1521年，西班牙征服者在古阿兹特克城特诺奇蒂特兰的遗址上建立了墨西哥城。城市位于墨西哥谷高地，曾经湖泊遍布，三面环山。城市发端于特斯科科湖的一个岛上，但是随着城市的扩张，湖水被排放，湖泊被填。城市的边缘处是山麓，但大部分地区地形平坦，只有一些低矮的山丘。墨西哥城是世界上规模最大且人口最多的城市之一，过去几十年发展迅速，并大面积向水平方向扩展。历史上的核心街道格局是殖民时期的网格，但是在周边扩建部分，大型街道横穿网格的对角线，这些大型街道大多也是地面高速公路。该市主要由3～4层的建筑组成，而在主干道沿线，主要是在改革大道和查普尔特佩克公园附近，有一些高层建筑群。城市空间多变，充满活力，街道笔直、开放，建筑风格多样，色彩丰富。街道上充斥着各种活动、商贩、人流和车流。街景通常为围合体块，有着一致的街墙。随着墨西哥城的爆发式扩张，很多人随意占用城市的空地或原有绿地，修建了许多非正规居住区，这些区域极为缺少基本的公用设施，也给城市带来了越来越多的问题。[14]

墨西哥城梅森纳街

梅森纳街是一条东西走向的小街，位于老城中心，在宪法广场的南侧。这条街由2层的街墙组成，主要为19世纪的复古风格和殖民风格。街墙底部通常有开口直接朝向狭窄的人行道（2米/6英尺7英寸），两侧人行道之间是狭窄的车道（6米/19英尺8英寸）。人行道与车道的组合，与2层街墙形成稳定的围合体块，高宽比接近1∶1。路缘区旁边为设施区，有树木和灯柱，虽然确实压缩了人行道空间，但是也为街道空间增加了垂直元素。人行道的过渡区经常用来展示商品，还有一些凹陷的入口通道，模糊了街道内外部空间的界限。街墙元素活跃，有遮阳篷、招牌和阳台，在人行道上方产生了丰富的视觉刺激。街道规模小，视野活跃，再结合其空间品质、材料特征和社会活动，形成了一条活跃的街道。

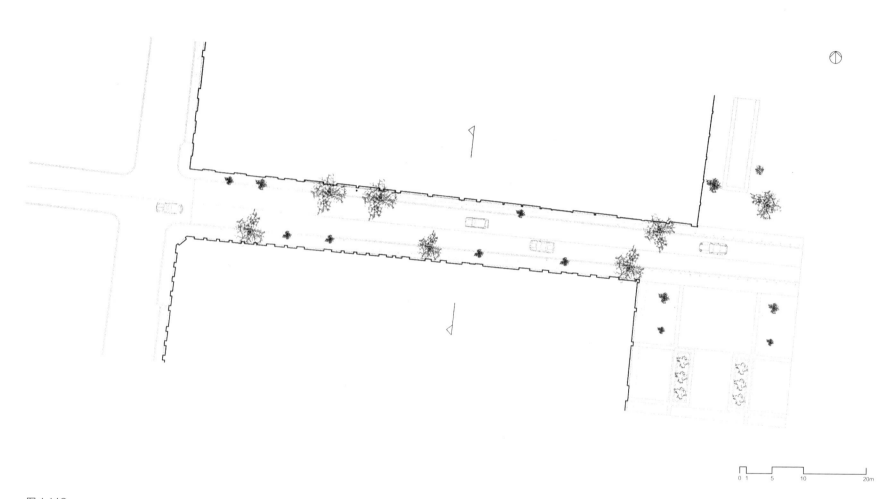

图 4.14C
梅森纳街街道平面图

图 4.14D
梅森纳街街道剖面图

图 4.14E
墨西哥城照片

图 4.15A
蒙得维的亚城市平面图

图 4.15B
蒙得维的亚城市剖面图

乌拉圭蒙得维的亚　　　　　　　北纬34°50′00″，西经56°10′02″

　　1726年，西班牙人为了平衡该地区的葡萄牙居住点，建立了蒙得维的亚。18世纪末19世纪初，它成为具有军事价值的重要贸易港口。蒙得维的亚位于乌拉圭南部沿海的拉普拉塔河北岸，环绕着蒙得维的亚湾。城市地形平坦，只有两座山丘——蒙得维的亚湾西部的蒙得维的亚山和城市历史殖民中心东北部的维多利亚山。这座城市历史悠久，街道格局为殖民网格，但网格在扩张时会依照当地地理特征有所变化，还有一些巴洛克晚期风格的大道。城市建筑风格多样，既有19世纪与20世纪的欧洲风格建筑，也有当代国

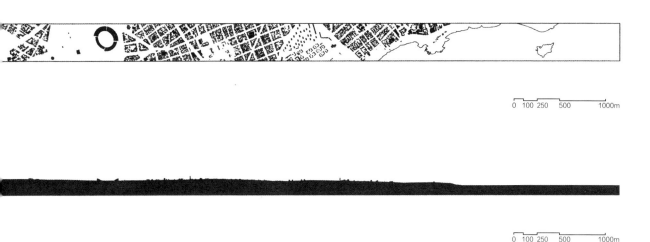

| 0 | 100 | 250 | 500 | | 1000m |

| 0 | 100 | 250 | 500 | | 1000m |

际建筑。大部分建筑物都是中低层楼，高层塔楼出现在商业中心，尤其是在解放者胡安·安东尼奥·拉瓦列哈准将大道沿线，而豪华高层建筑则集中在南部滨海区。蒙得维的亚的空间呈水平状，由中等规模的街道形成围合体块。巴洛克晚期风格的宽阔的对角线街道则为城市肌理增添了大型结构。同大多数城市一样，20世纪的蒙得维的亚更多关注的是汽车产业，因而多少忽视了街道的社会用途。然而过去三十多年，蒙得维的亚的文化增长使人们开始关注城市的社会方面。蒙得维的亚的街道具有强烈的城市属性和开放的空间品质，支持活跃的公共领域。[15]

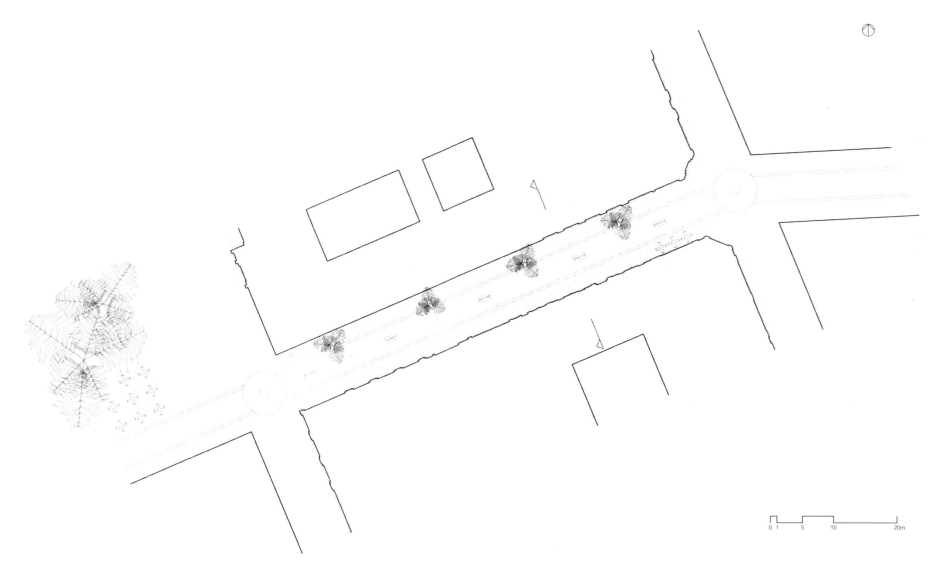

图 4.15C
萨兰迪街街道平面图

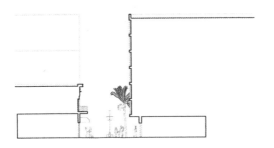

0 1   5   10   20m

图 4.15D
萨兰迪街街道剖面图

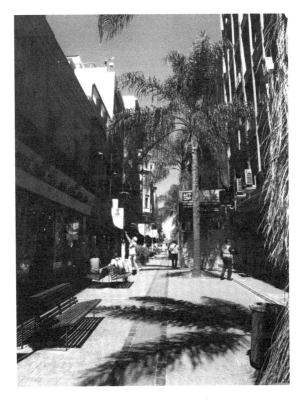

图 4.15E
蒙得维的亚照片

蒙得维的亚萨兰迪街

萨兰迪街是一条大体上呈东西走向的步行街，位于城市历史殖民中心，在滨海沿线的独立广场和蒙得维的亚路之间。这条街的4～6层建筑可追溯到19世纪的折衷主义时期，也有第二次世界大战后的现代主义风格建筑，一楼主要用于零售。街道为铺设路面，沿街宽度不一（从东端起约15.8米/51英尺10英寸减少到7.8米/25英尺7英寸），过了宪法广场又再次变宽。建筑物之间没有空间，保持着街道的围合。建筑物高度的差异打造了活跃的街墙顶部空间。一楼与人行道齐平，有一些在楼下形成凹陷的入口空间，而大部分内部空间直接连接着街道。外墙有遮阳篷、阳台、广告招牌和建筑细节，故这一侧街道空间很活跃。街道有照明灯具、树木、公共和私人座椅，也有商贩在销售手工艺品和其他小物品。所有这些特征共同打造了一个活跃的公共场所。

图 4.16A

蒙特利尔城市平面图

图 4.16B

蒙特利尔城市剖面图

加拿大蒙特利尔　　　　　　　　北纬45°30′31″，西经75°35′16″

　　1642年，迈松内夫在加拿大东南部的圣劳伦斯河畔，距离以前的休伦居住点不远的
地方建立了蒙特利尔。这座城市位于蒙特利尔岛皇家山附近，从河流一侧向外扩张，大
体上自西北向东南倾斜。市中心由中层大楼组成，其间夹杂着高层塔楼。市中心周围的
街道建筑主要是低层连排住宅。城市的工业区位于西南部，商业区位于港口西侧。城市
形态特征最初是密布2 ~ 3层建筑的街道，地标性公共建筑的建筑品质更高。第二次世界

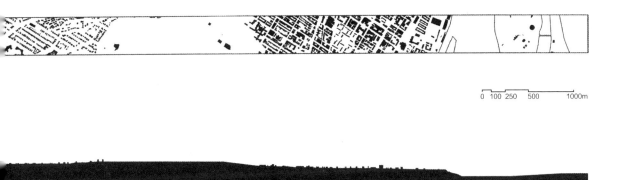

0　100　250　　500　　　　1000m

0　100　250　　500　　　　1000m

大战后，蒙特利尔在外围修建了高速公路，为提高车辆通行效率修整了道路网，还建造了许多忽视街道环境的高层建筑。于是出现了许多街道由车辆主导、一楼空间被闲置、内部空间脱离街道以及缺少空间轮廓等情况。在大多数情况下，蒙特利尔的街道保持着围合，其密度和规模也具有足够的包容性，形成了连贯一致的公共场所。另外值得一提的是蒙特利尔城市规划的独特之处，即其有一个连接多个市区建筑的地下零售走道网，尽管空间上不够丰富，但是确实发散着街道的活力。同许多城市一样，过去三十几年蒙

特利尔一直在改造其公共领域，以支持社会活动，并且成功让城市的许多区域焕发出
生机。[16]

蒙特利尔圣丹尼斯街

圣丹尼斯街呈东南—西北走向，从海滨附近延伸到岛屿西端。在穿过市中心西侧的
高速公路之后，就以住宅为主了。这是一条宽阔的街道，是东西向车辆通行的主要线
路，车道宽阔（19.2米/63英尺），两侧的人行道则宽度不等（从7米/23英尺到3米/9英尺
10英寸），形成水平体块。街墙底部的处理方式多样，许多商家将部分人行道作为服务区
域，还有一些加建的永久性建筑体则突进人行道空间。一楼多用于零售商店和餐馆，楼
上为住宅单元。有一些一楼比人行道略低，可能仅低几级台阶，也可能低半层，前方设
有深度不等的小型采光井。可以从人行道直接爬一段台阶走进许多住宅单元。即使住宅
比人行道高出一层，也可以这么做，于是在人行道的人流周围形成一方活跃空间，打造
出了独特的街景。街墙稳定，没有间隙，顶端高度略有变化，并且通过阳台、遮阳篷和
招牌突进街道空间，形成活跃、开放、一致的空间体块。变化的街墙底部使空间产生差
异，内部空间与街道融合，再加上许多引人注目的物理特征和丰富的社会互动，共同形
成了一条有着丰富物理特征和体验的街道。

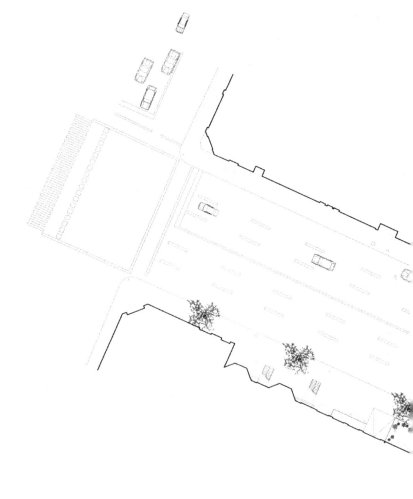

图 4.16C
圣丹尼斯街街道平面图

0 1   5   10   20m

图 4.16D
圣丹尼斯街街道剖面图

图 4.16E
蒙特利尔照片

城市剖面图：城市和街道设计解析工具
The Urban Section: An analytical tool for cities and streets

图 4.17A
孟买城市平面图

图 4.17B
孟买城市剖面图

印度孟买   北纬19°00′51″，东经72°50′52″

　　孟买所在地很久以来就有人类居住，至少公元前1000年以来它就一直是当地的贸易

中心。人们通过开垦土地和排水，将阿拉伯海印度西海岸的七个小岛连成了孟买岛，城

市就坐落在岛屿西南部的一个半岛上。老城在半岛最南端，并向北部扩张，形成了一大

片区域（239平方英里/619平方千米）。该市拥有两千多万人口，是印度的经济中心，也

0 100 250 500 1000m

0 100 250 500 1000m

是工商业、金融业、娱乐业和技术大本营。孟买建在平原之上，东部和西部毗邻低矮的山丘。城市形态为线型，街道格局复杂，混杂着有机结构、直线街道、对角线街道、铁路线路和东部高速公路以及非法居住点，非法居住点里的流通网络紧凑而缺少规划。孟买是一座极为密集的城市，城市肌理主要是5～8层的中层建筑，街道宽度各异，既有非常狭窄的车道，也有宽阔的多车道。也许是缺少一种主要秩序，其城市形态常常还

图 4.17C
纳格德维路街道平面图

0 1   5   10   20m

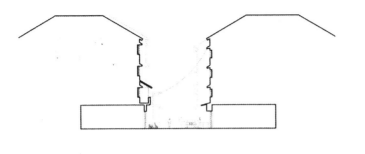

图 4.17D
纳格德维路街道剖面图

图 4.17E
孟买照片

很混乱。尽管如此，孟买的街道仍然充斥着各种可以想象的活动和用途，给城市空间带来了活力和刺激。[17]

孟买纳格德维路

纳格德维路呈南北走向，位于孟买主火车站之一——贾特拉帕蒂·希瓦吉终点站以北，JJ高架桥以西。街墙高度为3～5层。平面图上体现出来的变化为有扩建也有凹陷，调节着街道空间的宽度（从6米/19英尺8英寸到11米/36英尺1英寸）。故街道具有强烈的垂直围合感。车辆和行人共享街道空间，两侧没有人行道。一楼空间用于开展商业活动，开口直接朝向街道空间。大量商品的展示则在街道的内外部空间之间增添了一个层次，并将一楼融入街道空间。除了这些水平空间的重叠，街墙立面也修饰着许多阳台、骑楼、招牌和其他建筑细节，形成垂直的空间层次。水平空间和垂直空间相互作用，共同形成一个复杂的空间边界，模糊了公共空间的边缘，为街道活动打造了一个视觉复杂的空间容器。街道虽然不够"漂亮"，常常还很混乱，却是一个"活跃"的空间，支持社交、经济活动和交通通行，街道的基本要求在这里得到了满足。

图 4.18A
泰恩河畔纽卡斯尔城市平面图

图 4.18B
泰恩河畔纽卡斯尔城市剖面图

英格兰泰恩河畔纽卡斯尔　　　　　　　　北纬54° 58′ 23″，西经1° 36′ 50″

　　泰恩河畔纽卡斯尔在公元3世纪时曾是罗马帝国的桥梁要塞，中世纪时成为具有重要
战略意义的设防城镇。泰恩河畔纽卡斯尔位于英格兰东北部的泰恩河北岸，自14世纪以
来一直是重要的商业和工业中心。古老的商业街横跨河流两岸，一路下坡可以走到以前
的码头和海滨工业区。泰恩河畔纽卡斯尔有许多跨河的桥梁，桥梁的另一端多在南岸的

0　100　250　500　　　1000m

0　100　250　500　　　1000m

盖茨黑德，凸显河床两岸的陡峭，形成强烈的空间和视觉冲击力。中世纪时期的街道格局保留至今，市中心主要是2～6层的低层建筑，只有极少几座高层塔楼。一条国家高速公路穿过中央商务区的东部，另一条高架铁路桥东西向连接着市中心和泰恩河。这座城市有着19世纪早期的街道、新古典主义风格的建筑、精心考量过的街道体块以及经过仔细设计的街墙，并以此闻名。城市的空间特征非常独特，街道包容性低。沿街一路下坡可以走到河边，河流上方架着几座桥梁和铁路高架桥线路。[18]

泰恩河畔纽卡斯尔格雷街

格雷街位于城市的历史核心，从格雷纪念碑自北向南到莫斯利街，然后更名为迪恩街，一路下坡，延伸到河边，再折向东南，两侧是4～5层高的乔治时期建筑。街道北端已经改为步行街，接着在胡德街和市场街之间为共享地段，再往南是一段典型的车道，两侧都有人行道。街道体块宽敞开阔，宽阔的车道（15米/49英尺3英寸）和人行道（4.2米/13英尺9英寸）相结合，具有1:1.74的高宽比。一楼空间直接开口朝向人行道，如果是斜坡，则需要先爬一小节台阶才能进入一楼空间，内部空间和街道之间有着强烈的视觉连接。古老的外墙铰接着一楼、主楼层和阁楼，而规则的门洞、圆柱和壁柱则在街上规律地交替着。维护良好的古老灯具和大量铺设的材料修饰着街景，打造出优质而精致的公共领域。这条街道有着人性化的规模，有序、平衡，弯曲的空间带来了微妙的活力。

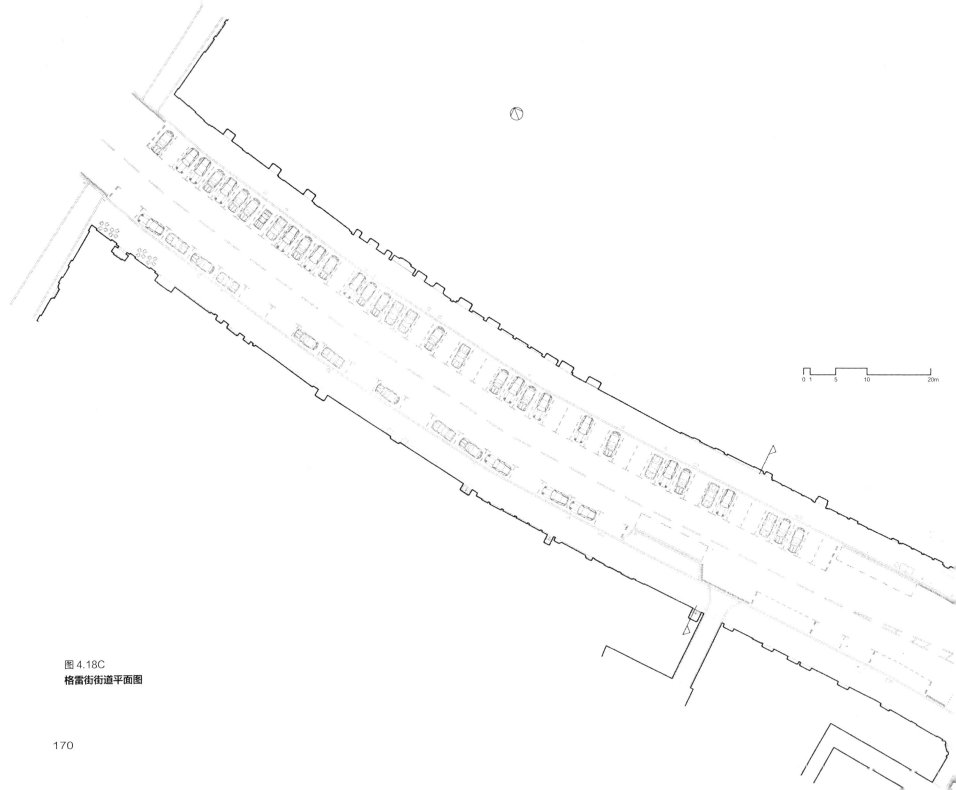

图 4.18C
格雷街街道平面图

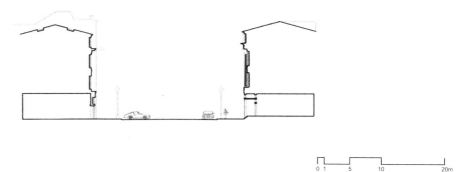

图 4.18D

格雷街街道剖面图

图 4.18E

泰恩河畔纽卡斯尔照片

图 4.19A
纽约城市平面图

图 4.19B
纽约城市剖面图

美国纽约　　　　　　　　北纬40° 42′ 51″，西经74° 00′ 21″

　　1626年，荷兰人在纽约成立贸易站。随着经济和文化的快速发展，纽约逐渐成为美
国的主要城市，成为世界上最重要的城市之一。纽约占据着美国东海岸的哈德逊河河
口、曼哈顿岛、斯塔滕岛、长岛西缘和大陆南端，其地理景观是上个冰川期冰川活动
的结果。城市的街道格局呈网格状，但是会随地形特征和历史道路做出相应改变，特

別是在布鲁克林、皇后区、斯塔滕岛和布朗克斯的边缘。城市最初盘踞在曼哈顿岛，街道网络不规则，市政厅以北的地段则呈网格状。街道边缘与海滨对齐，但是中心地段与百老汇大道的南北轴线对齐。纽约第十四街北部著名的正交网格规整地延伸到曼哈顿东北角，只有百老汇大道蜿蜒穿过这里。在曼哈顿，这座城市越来越趋于垂直，在密集地区，4 ~ 5层高的主要结构比邻而立，而在边缘处则是以2 ~ 3层建筑为主的街道。纽约

173

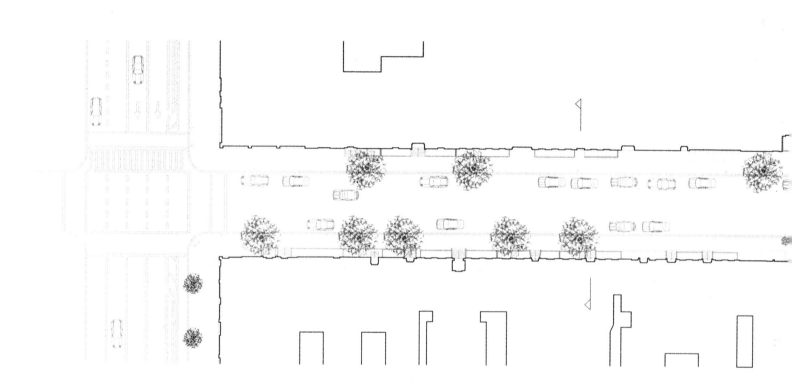

图 4.19C
东三街街道平面图

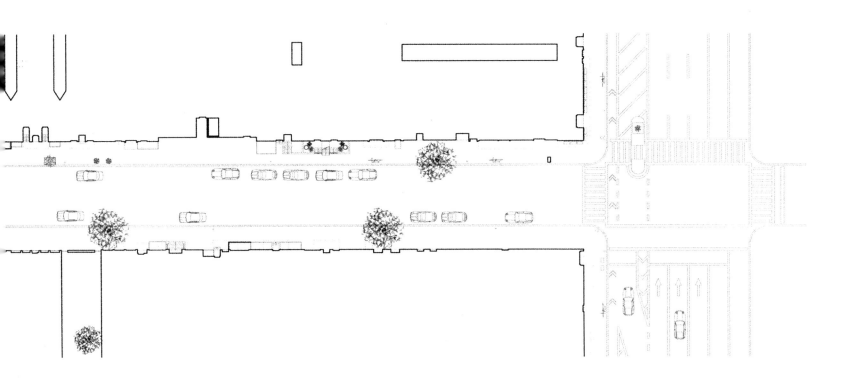

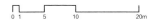

的密度往往带来一致的街墙，并挨着人行道边缘的地界线而建。只有高层建筑为了换取更大的高度而远离人行道，并且在密度较低的外部行政区也有例外。虽然城市整体上是垂直空间，纽约的街道却拥有一系列令人难以置信的空间特征。但是无论如何，它们都是公共空间，城市丰富的社会生活在此上演。[19]

纽约东三街

东三街大体上为东西走向，从包厘街一路延伸到休斯敦街北侧的D街，由4 ~ 6层高的公寓楼组成。东三街主要是一条住宅街道，一楼有一些空间作为商用。车道很窄（9.2米/30英尺2英寸），两侧的人行道宽度适中（3.5米/11英尺6英寸），几乎形成了方形体块。街墙底部存在多种形态。有些内部空间开口直接朝向街道，有些在人行道和街墙之间设有采光井，并将一楼抬升半层，还有些用低矮的栅栏围成小庭院。内部活动占据着街道的过渡区，络绎不绝的游客中有支起桌子吃饭的，也有坐在台阶上欣赏街道生活的，给街道带来活力。人行道旁栽植了树木并立有灯柱，车道两侧有停车道，对车辆交通起缓冲作用。外墙多为砖砌结构，有着规则的窗口图案；门洞或充满建筑细节，或普普通通；钢结构消防通道常常突进街道空间——这些元素结合起来，共同构成了街墙。各种水平分层和垂直分层相互交叠，打造出丰富的空间围合。

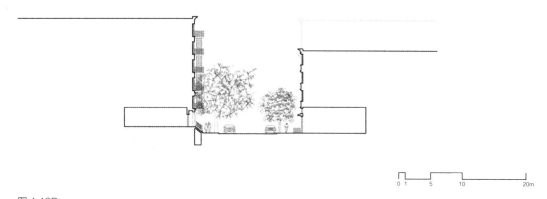

0 1　　5　　10　　20m

图 4.19D
东三街街道剖面图

图 4.19E
纽约照片

图 4.20A
巴黎城市平面图

0 100 250 500 1000m

图 4.20B
巴黎城市剖面图

0 100 250 500 1000m

法国巴黎　　　　　　　　　　北纬48° 51′ 12″，东经2° 20′ 55″

　　当今巴黎所在的地方自公元前8世纪以来就有人类居住，公元前3世纪时开始永久有

人居住，并发展成法国的经济、政治和文化中心，在欧洲及西半球具有巨大的文化影响

力。这座城市位于法国北部的塞纳河谷，周围环绕着低矮的山丘。城市最初发端于西岱

岛，并向外呈环状扩展。巴黎是法国历史上政治运动和工业化的中心，19世纪初期，中

世纪时期的街道、文艺复兴时期的广场、巴洛克街道、工业区和铁路线就遍布巴黎。

1852—1870年拿破仑三世统治期间，奥斯曼男爵将巴黎改造成现代城市规划的典范。巴黎是世界各地城市建设的模板，直到第二次世界大战结束后现代主义规划思想才流行起来。奥斯曼利用一系列技术、美学、机械、工程和图形来完成大规模建设项目，实现污水和水系统现代化，引入车道和街墙标准，修建四座跨河大桥，并修建街道网来改善城市流通状况。宽阔的街道斜穿过老城的有机格局，街道规模大，外墙一致，为新古典主义风格；成排树木连接着大型公共场所，赋予了巴黎独有的空间特征。巴黎基本上是一座水平城市，建筑物多为6 ~ 7层，街道开阔，人行道宽敞，成就了宽阔的城市体块。[20]

巴黎圣奥诺雷大街

圣奥诺雷大街位于巴黎市中心，以东南端的里沃利街为起点，自东南向西北，经过西北端的皇家大街后，改名为福宝大道。街道与河流平行，是巴黎历史街道格局的一部分。这条街由5 ~ 8层高的建筑组成，大部分街墙为新古典主义风格，可以回溯到19世纪。车道狭窄（9.5米/31英尺2英尺），两侧是紧凑的人行道（2.2米/7英尺3英寸），形成垂直体块。街墙底部非常开放，大型开口和入口通道往往直接与人行道连接，沿街均匀分布，具有很规律的节奏。街道上人头攒动，人来人往。一楼大多用作零售商店，商店橱窗展示的商品增添了外部空间的视觉趣味。街道公用设施只有交通标志和小型护柱，人行道上没有树木，照明设备安装在建筑物上。街墙铰接着大量建筑细节、阳台、招牌和遮阳篷，激活了空间的垂直边缘，形成了人性化的街道。

图 4.20C
圣奥诺雷大街街道平面图

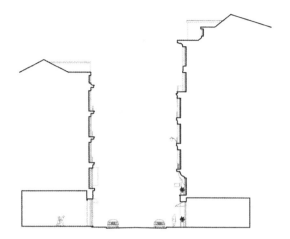

图 4.20D
圣奥诺雷大街街道剖面图

图 4.20E
巴黎照片

0 100 250   500   1000m

图 4.21A
匹兹堡城市平面图

0 100 250   500   1000m

图 4.21B
匹兹堡城市剖面图

美国匹兹堡   北纬40°26′26″，西经79°59′45″

　　当年为了控制具有战略意义的北美殖民地西端水道，法国人和英国人先后在匹兹堡建立了军事前哨。19世纪，这座城市发展为主要的工业中心。城市位于宾夕法尼亚州西南部，阿勒格尼河和莫农加希拉河在这里交汇，形成俄亥俄河，中央商务区就坐落在河流交汇处的三角地带。城市地形非常陡峭，离河越远地势越高。有一部分街道呈现网格状，还有一部分街道为了响应地形而呈无规律状。市中心的商业区有许多高层塔楼，城市从核心区向外扩展时建筑物高度逐次降低，开始是中层大楼，后来是以2～3层建筑物为主的住宅街道。受第二次世界大战后规划实践的影响，加上20世纪70年代起重工业的流失，城市的结构和空间特征出现了变化。三条高速公路在这座城市交汇，破坏了它的连通性和空间轮廓。许多街道由于注重改善车辆交通状况，突出了道路属性，机动车主导着空间，鲜有其他活动。过去几十年来，匹兹堡为了解决由此带来的城市发展问题，做出了许多努力，与社区和企业合作修建公园、改善街景、开展经济活动，以创造宜居的城市环境。[21]

匹兹堡榛子街

榛子街大体上为南北走向，是一条住宅街道。它位于匹兹堡东部，跨越两个街区，在核桃街和埃尔斯沃思大道之间。街道排列着带有狭窄前院的独立2层建筑。车道狭小（6.6米/21英尺8英寸），两侧人行道狭窄（从1.24米/4英尺到1.75米/5英尺9英寸）。设施区内配置有树木和带灯具的电线杆，个体建筑物与街道空间之间有多种连接方式。一楼大多高出人行道，外部有门廊，需要登一段台阶才能进入。一些建筑物的前院为斜坡或露台，比人行道和车道高出一整个楼层。街墙并不连续，建筑物之间有空隙但并不大，仍然保持着围合。街道规模小，人行道与建筑物之间的过渡存在各种高度分区和水平分区，景观元素也带来屋顶线的变化，共同造就了活跃的空间包络。

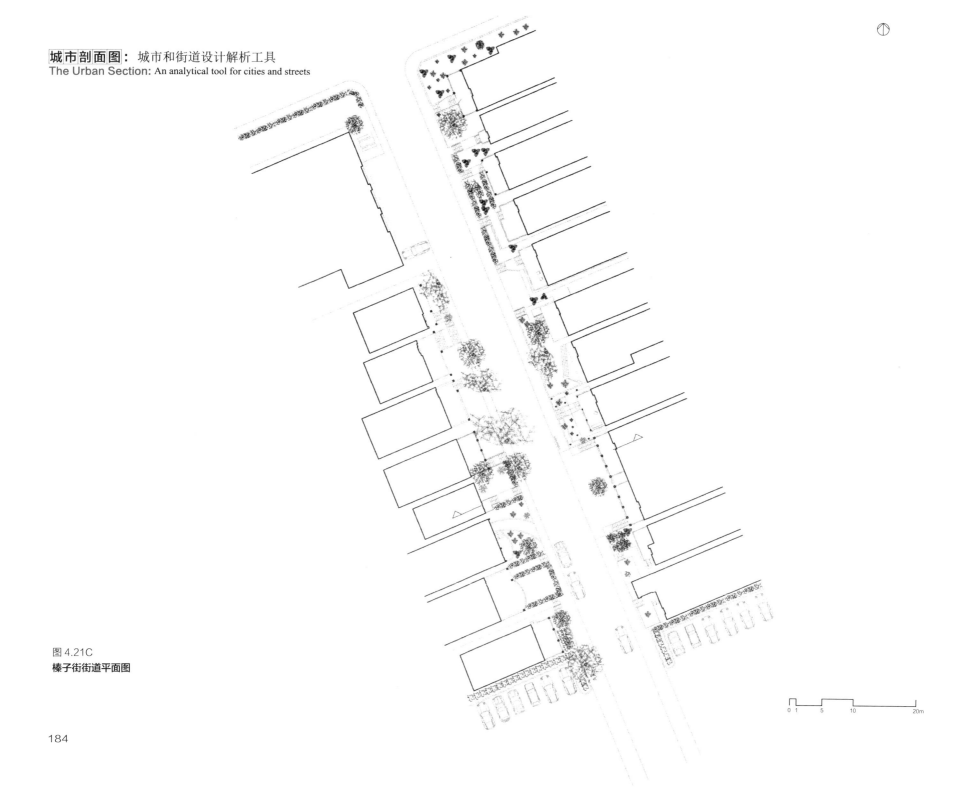

图 4.21C
榛子街街道平面图

0 1   5   10   20m

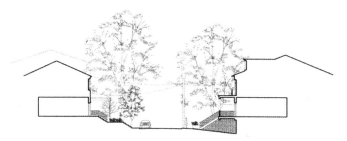

图 4.21D
榛子街街道剖面图

图 4.21E
匹兹堡照片

0 100 250 500 1000m

图 4.22A
里约热内卢城市平面图

0 100 250 500 1000m

图 4.22B
里约热内卢城市剖面图

巴西里约热内卢　　　　　　　　南纬22° 54′ 10″，西经43° 12′ 27″

　　1565年，葡萄牙人为抗衡法国在该地区的殖民势力，建立了里约热内卢，并将其发展为主要港口，最初运输糖，后来运输黄金和宝石。里约热内卢是葡萄牙南部殖民地的首府。19世纪初期，葡萄牙国王为躲避拿破仑一世入侵而逃亡于此，这里又成为葡萄牙帝国的临时首都。里约热内卢地处巴西东南部巴西高原脚下的瓜纳巴拉湾，大西洋海岸在这里折向内陆。市中心位于海湾入口的北侧平地，城市主要的工业和住宅区向北部和西部扩展，而住宅和休闲区则沿着海滨往南分布，与商业中心隔着一线山脉。北部以这些山脉为背景，搭配茂密的植被和海边的沙滩，造就了里约热内卢独特的风景，使这座城市极具特色。商业中心保留了这座历史上的殖民城市的街道格局，即以8～10层建筑为主的中层街道，但也有许多极高的塔楼。随着城市向北部和西部扩展，高度降低，2～3层建筑和多层住宅大楼混杂，其间夹杂着许多1～2层极为密集的非正规社区。在平地部分，城市呈网格状，为了响应地形会稍做改变，但是街道在遇到山丘时会拐弯。两条高速公路横穿里约热内卢，一条在沿海，为港口服务，另一条从西北侧进入市中心，并翻山越岭，将城市与南部地区连接起来。里约热内卢的街道各式各样，既有繁忙的高层商业街，也有19世纪时期的小街，还有林立着现代钢筋混凝土建筑的宽阔车道，整座城市并没有一致的空间特征，但通常都有连续的街墙，构成街道的公共空间。[22]

里约热内卢卡里奥卡街

卡里奥卡街呈东西走向，位于中央商务区，就在里约热内卢最陡峭处的西侧。这条街道主要由19世纪或20世纪初的2～6层建筑组成，车道不宽（10米/32英尺10英寸），但人行道宽敞（3.4米/11英尺2英寸），在街墙之间形成近17米/55英尺9英寸的空间，空间轮廓呈水平状。一楼大部分是零售商店，开口直接朝向人行道，沿街的大型开口分布均匀，成为街道内外部空间之间可穿行的边界。人行道上铺设有装饰图案，设施区内配置有行道树和灯柱。成年落叶树木枝丫横斜，闯入街道空间，留下一片阴凉。许

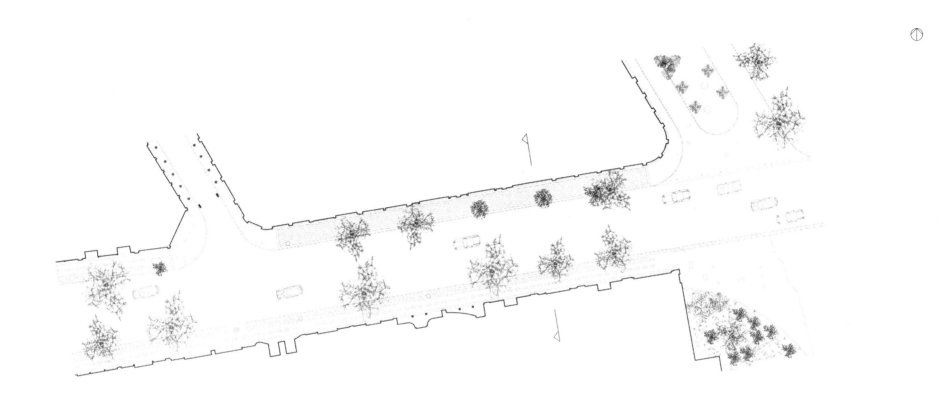

图 4.22C
卡里奥卡街街道平面图

多商店前面都有遮阳篷，楼上大多有阳台，且在大型开口前设有装饰性金属栏杆，所有这些都能激活街墙的活力。街道的空间轮廓清晰，内外部空间融合，街墙充满活力，使公共空间具有迷人的视觉效果。

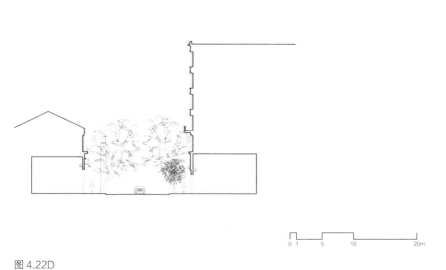

0 1   5   10   20m

图 4.22D
卡里奥卡街街道剖面图

图 4.22E
里约热内卢照片

图 4.23A
罗马城市平面图

图 4.23B
罗马城市剖面图

意大利罗马　　　　　　　　　北纬41°53′41″，东经12°29′02″

　　没有哪一座城市能够用短短一段话进行概括，对罗马进行概括的挑战难度尤其如此，既因为这是一座古老的城市，也因为其住所层次丰富多样，极为复杂。至少在公元前1000年，罗马所在地就有人类居住，但是罗马建城始于公元前6世纪初。这座城市位于亚平宁半岛中部，坐落在台伯河畔著名的七座山丘之间，距离第勒尼安海沿岸约15英里/24千米。古罗马是一座密集型的垂直城市，可能出于美学和庆典的目的，修建了大型公

250　500　　　1000m

250　500　　　1000m

共空间和巨型结构。到了中世纪，古罗马城区大多并入罗马城，许多古建筑成为建筑材料的来源，而现存的街道格局也多源于这一时期。16世纪时，西克斯图斯五世修建了许多宽阔的街道和公用基础设施，采用巴洛克风格的城市设计，极大改变了城市的公共空间，奠定了罗马今天的城市结构。城市的空间轮廓是这些历史格局分层的结果。城市有着紧凑的中世纪街道格局，由4～6层高的建筑物组成，其间夹杂着纳沃纳广场、古代马戏团遗址、万神殿等古老的公共空间。巴洛克式街景不时穿插其中，与广场相连，有古迹点缀。罗马的街道是活跃的公共空间，也是城市经济和社会生活的中心。[23]

罗马圣玛利亚灵魂之母堂路

　　圣玛利亚灵魂之母堂路为南北走向，位于罗马的中世纪中心，纳沃纳广场的西侧，由4～5层高的建筑物构成。街墙之间的路面连续铺着鹅卵石，既供机动车和自行车使用，也供行人、餐馆和咖啡馆使用。这片区域宽度不等，从大约7米/23英尺到10米/32英尺10英寸，形成紧凑垂直的街道空间，街道活动被压缩，需要使用者不断进行协商。餐厅和咖啡馆前的顾客座椅进一步挤压着这片共享空间，但也吸引了更多的行人，促进了行人的社交互动。街墙连续、高大，开口规模不一，一楼有些零售商店或食品店的开口朝向街道，但是许多建筑物的大型开口朝向中庭，住宅层比人行道高出半层楼。强烈的垂直围合感形成了线形空间，街道的上空顶着一片蓝天。这条街存在很多问题：狭窄、略暗、街墙厚重，人流和车流穿梭其中、混为一体……但是街道整体活跃，散发着城市的魅力。

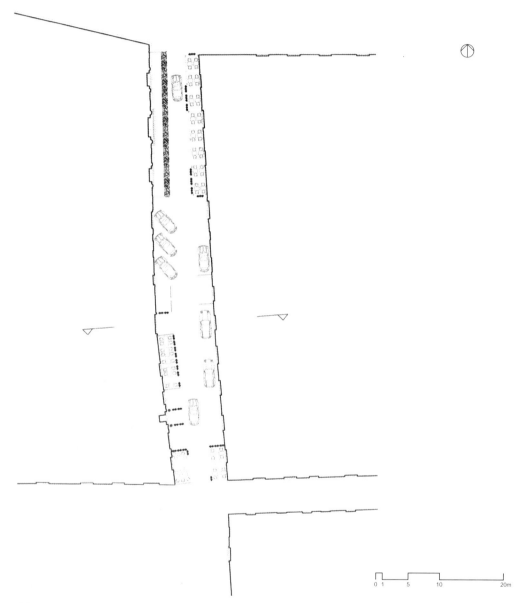

图 4.23C
圣玛利亚灵魂之母堂路街道平面图

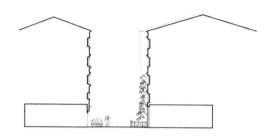

图 4.23D

圣玛利亚灵魂之母堂路街道剖面图

图 4.23E

罗马照片

城市剖面图： 城市和街道设计解析工具
The Urban Section: An analytical tool for cities and streets

图 4.24A
旧金山城市平面图

图 4.24B
旧金山城市剖面图

旧金山   北纬37° 46′ 29″，西经122° 25′ 09″

　　1775年，西班牙人在旧金山湾河口设立要塞和传道所，成为现在旧金山地区的第一个欧洲人居住区。19世纪30年代，该地区东部又建立了一个小型居住区。1847年美西战争期间，美国称加利福尼亚州为美国领土，西班牙小镇耶尔巴布埃纳更名为旧金山。淘金热之后，该地区城市迅速发展，19世纪末，该城成为美国西海岸的金融和商业中心。旧金山东临旧金山湾，西濒太平洋，地处旧金山半岛北端，俯瞰着海湾。城市坐落在岸边的平地上，并沿着陡峭的丘陵爬升，形成以险峻而闻名的街道。除非地形绝不允许，街道格局都呈网格状。市场街像一条对角线自东北至西南穿过，只有市场南区与市场街垂直，是个例外。市中心的金融区是垂直性质的，因为密集紧凑的街道上有许多高层建筑。在这个核心外部，城市大多由3～4层的建筑物组成，围合着中等宽度的车道和社交活跃的街道空间。联排式住宅构成的街道接天临水，形成空间走廊，加上地形的影响，共同构成旧金山的空间特征，即使在城市的低矮区域也强调垂直性。[24]

旧金山波尔克街

波尔克街位于市中心西侧，北起海湾旁的海滩街，南至市场街，经过约三十九个街区。街道南端是宽阔的车道和中层建筑，包括位于市民中心广场的旧金山市政厅和加利福尼亚州高级法院。随着街道向北延伸，规模减小，坡度增大，街墙主要是2～3层建筑，一楼是零售商店而楼上为住宅。在波尔克街北段，车道宽阔（14米/45英尺11英寸），两侧人行道宽度适中（3.7米/12英尺2英寸），该街道的宽度大于高度。路缘区旁的人行道设施区内立着幼年行道树、灯柱和停车计时器。街墙底部直接开口朝向人行道，还有商店橱窗和入口通道，其中一些位于凹槽位置，还常有遮阳篷和骑楼。楼上有一些凸窗向人行道突出，闯入街道空间，在街墙上方形成一种空间节奏。上波尔克街是重要的流通路线，也是一条支持居民社会生活的社区商业街。

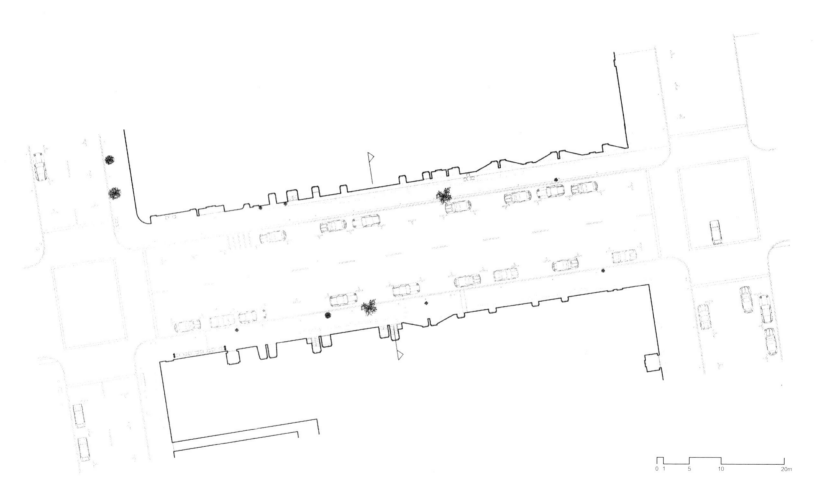

图 4.24C
波尔克街街道平面图

图 4.24D
波尔克街街道剖面图

图 4.24E
旧金山照片

图 4.25A
圣米格尔－德阿连德城市平面图

`0  100  250    500        1000m`

`0  100  250    500        1000m`

图 4.25B
圣米格尔－德阿连德城市剖面图

墨西哥圣米格尔－德阿连德　　　　　北纬20°55′00″，西经100°45′00″

　　1542年，西班牙人在圣米格尔－德阿连德成立传道所。18世纪中叶，这座城市因为银矿开采走向繁荣。城市位于墨西哥中部山区，地处墨西哥城西北方向170英里/约274千米处的平原。两条小河在城市中心的西北部交汇，街道以这座历史殖民城市中心的河流为起点向外倾斜。这座城市是西班牙在南美殖民地的一个典型，保留了殖民时期的历史建筑和空间品质。城市肌理为1～2层高的石砌建筑，漆成明亮的颜色，夹杂着塔楼和18世纪以来的各种教堂圆顶。历史核心的街道格局呈直线，但是在核心以外出现了不规则街道。市中心的标记是一个高出地面的中央广场，植被丰富，由主教堂和带拱廊的大厦构成。城市的空间轮廓低矮、紧凑、精巧，并围合着街道，街景简单但吸引人。[25]

圣米格尔-德阿连德旧金山街

旧金山街为东西走向，是历史上殖民规划的东西主轴线之一，东起古城东端，西至中央广场北侧，接着与主干道相连，向西延伸到城外。这条街道有一定坡度，由1～2层高的建筑组成，车道上铺着普通的石质材料，宽度一般（9.4米/30英尺10英寸），但是和周围低矮的建筑相比仍比较宽敞。人行道为狭窄的石板路面（1.85米/6英尺1英寸），路缘石较薄，人行道上没有街道公用设施。街墙底部设置了一两级台阶来适应坡度，一楼空间的开口直接朝向人行道。街道有多种用途，可用于商业和住宅，街墙上还有规则的通道入口和窗户。外墙有大面积光秃秃的表面，但许多开口修饰了金属制品和建筑细节，还安装着街道照明设施。街道为水平体块，规模小，表面喷漆，街墙精巧但坚固，形成一个朴素而狭小的空间体块。

图 4.25C
旧金山街街道平面图

图 4.25D
旧金山街街道剖面图

图 4.25E
圣米格尔－德阿连德照片

图 4.26A
圣彼得堡城市平面图

图 4.26B
圣彼得堡城市剖面图

俄罗斯圣彼得堡 　　　　　　　　北纬59° 53′ 39″，东经30° 15′ 51″

　　1703年，俄罗斯罗曼诺夫王朝彼得一世建立了圣彼得堡。1712年，他为了更直接地融入欧洲，将首都迁往这座新城。圣彼得堡位于俄罗斯西北部，涅瓦河在这里注入芬兰湾，城市旧城就坐落在涅瓦河入海口的岛屿上，还包括河流南北两岸环绕着海湾的一部分大陆。城市地形平坦，水陆交融，许多支流和运河交汇于此。这座城市是根据当时欧洲流行的巴洛克城市规划的原则建造的，所以从原来的城市规划中心——海军部大楼辐射出许多宽阔的大道和街景。城市的中心是规则的街道，公园和公共空间呈几何形状分布，大部分地区都有大型建筑。这座城市规模宏大，但不是垂直城市，主要是4～5层的建筑，围合着大型街道和宽敞的人行道。[26]

圣彼得堡花园大街

花园大街呈南北走向，是一条步行街，位于老城东北部的意大利街和涅瓦大街之间。街墙由4～5层的大型建筑组成，有着华丽的建筑细节。建筑之间的地平面十分宽阔（22.3米/73英尺2英寸），被两排灯具和花车分为三个部分，中部配置了座椅，可以进行户外活动，两侧是两条宽敞的走道，紧挨着建筑。街墙墙体有规则的门洞，底部经常开有商店橱窗，还有入口可进入一楼空间。建筑的品质、颜色的变化和立面的细节形成引人注目的街道边界。街道开阔，水平空间体块大，灯具成排，层次分明，是一个舒适的大型场所。

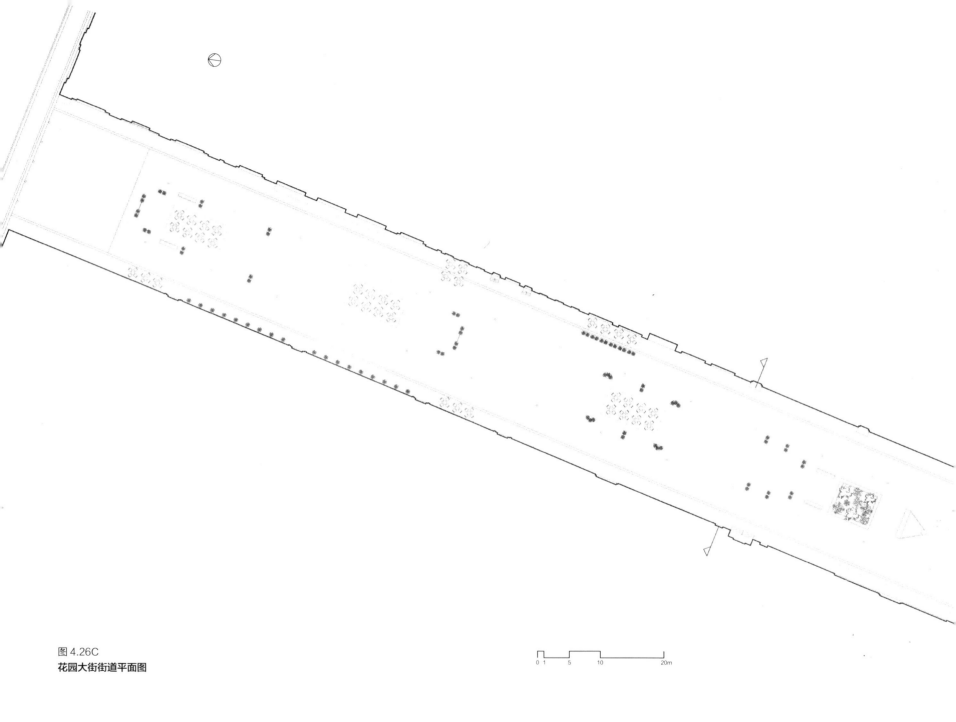

图 4.26C
花园大街街道平面图

0 1   5   10   20m

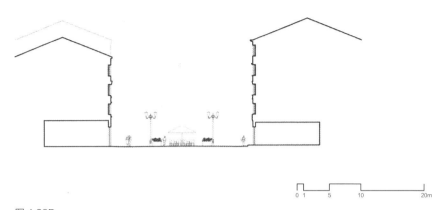

图 4.26D
花园大街街道剖面图

0 1　5　10　　　20m

图 4.26E
圣彼得堡照片

0 100 250 500 1000m

图 4.27A
上海城市平面图

0 100 250 500 1000m

图 4.27B
上海城市剖面图

中国上海 　　　　　　　北纬31° 13′ 19″，东经121° 27′ 29″

　　上海最初是一个小渔村，四周是农田，11世纪初开始出现商业贸易，并因为具有深水港而在19世纪中叶成为亚洲和西方贸易的枢纽，发展成为重要的商业和工业中心。城市位于中国东部沿岸，坐落在长江入海口的三角洲平原，运河、河流和溪流密布成网，其中最大的一条河流是黄浦江。上海城最初地处黄浦江西岸，街道为有机格局，但是在黄浦江北部的原各国租界则为网格格局。东岸的浦东区原为工业区，现在已开发为商业金融区，并以陆家嘴东路这条对角线街道为据点形成交通圈，街道弯曲并向外辐射。在城市核心的外部，混合着网格街道、不规则道路、运河、河流和溪流。许多高层建筑位于中央商务区，尤其是河流附近。部分住宅结构老旧低矮，其间充斥着近年来开发的多层住宅。上海的另一个独特之处在于，市内有许多工业场所，员工住宅就聚集在它们周边。过去几十年来，上海经济出现了爆发式增长，是当今世界最有活力的城市之一。城市空间密集、垂直且活跃，既有引人注目的摩天大楼，也有充满活力的街道。[27]

上海武昌路

武昌路位于苏州河北岸，从吴淞路自东向西经过两个街区，一直延伸到虹口区四川北路。车道狭窄（8米/26英尺3英寸），两侧人行道狭小（1.75米/5英尺9英寸）。街道由连续的2层建筑构成，一楼是零售商店。商贩、行人和机动车共同使用着车道，进行商业和社会活动，形成随意的空间。街墙有招牌、遮阳篷、檐篷、设备、电线和窗口，因而显得多元。街墙顶端有着一致的边缘，增强了空间围合，但是在倾斜的屋顶上，天窗激活了街道顶端的空间，形成屋顶景观。一楼直接与街道相连接，沿街有规律地开着大型门洞和入口通道，形成一个可穿行的街道底部。街道规模小，有着活跃的商业活动和人员流动，是一个充满活力的公共空间。

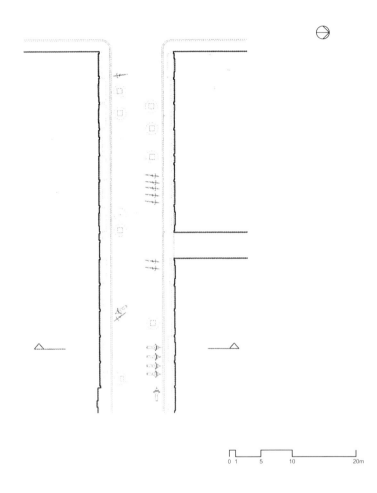

图 4.27C
武昌路街道平面图

图 4.27D

武昌路街道剖面图

图 4.27E

上海照片

209

图 4.28A
新加坡市城市平面图

图 4.28B
新加坡市城市剖面图

新加坡共和国新加坡　　　　　　北纬1° 17′ 22″ N，东经103° 51′ 00″

　　虽然数个世纪以来，新加坡岛都有渔民和商人居住，但是直到1819年托马斯·莱佛士爵士在这里建立东印度公司贸易站，这座城市才开始成形，并发展成为重要的商业中心和亚洲最大的港口之一。新加坡包括新加坡岛南端和马来半岛的一群小岛。城市核心和港口地处沿海平原，而城市和郊区占据了岛屿的大部分，只有南部沿海有一些山丘。

老城为网格布局，并且网格结构向东一直延伸到海岸附近。但是随着城市向北扩展，受地形影响，街道变得不规则，还有许多高速交通道路蜿蜒穿过。自20世纪70年代以来，这座城市发展迅速，原来的城市肌理大部分被当代多层建筑取代，仅存一些英国殖民时期的建筑。一条高速公路横贯城市中心和港口，连接着机场与城市和马来西亚半岛。城市遵循第二次世界大战后的规划原则，从低层的原殖民港口转型，道路设计极为重视车

辆通行，划分了单一的使用分区，并通过道路连接绿色空间里的建筑体。许多街道缺少空间围合的轮廓，大型建筑物间的空地周围是草坪，而一楼不与街道相连。城市中心有殖民时期的老街道残存，连续的街墙包含着清晰的空间体块，但城市的空间是脱节的，宽阔的街道迎合的是车辆而不是城市的社会生活。[28]

新加坡南桥路

南桥路从新加坡河出发，自东北向西南，一直延伸到麦斯威尔路，然后更名为尼尔路，继续向西南方向延伸，连接着市中心东段和最初的商业中心。街道的起点在桥头，东侧为低层建筑，而西侧是尖塔。随着街道的延伸，东侧仍保持原样，西侧则由4～5层高的建筑组成，一直延伸到芳林公园。公园对面是一座大型塔楼，占据了整个街区，而街道在这里急剧变宽。街道过了必麒麟街段，西侧的建筑规模就大幅增加，有两座多层高楼，底部为零售商店，而东侧仍为2～3层的殖民时期和当代的建筑。克罗士街段之后，西侧降为2～3层的建筑，与东侧相称。街墙之间的车道宽度适中（12.48米/40英尺11英寸），但东侧人行道较窄（2.3米/7英尺7英寸），西侧人行道较宽（5.15米/16英尺11英寸）。同南桥路的大部分路段一样，在所考察这部分街道的东侧，一楼主要为零售商店，因此街道底部有大型开口用于店面展示，其中一些位于凹陷部位。这些内部空间通常与人行道齐平，但是有时候内部地面略高于人行道。在街道西侧，大型建筑物都有朝向人行道的拱廊，一楼与人行道齐平，开着零售商店。这条街道的大部分高层建筑都是这种格局，但是中层建筑没有拱廊，零售商店直接与人行道连接。西侧人行道有花圃、行道

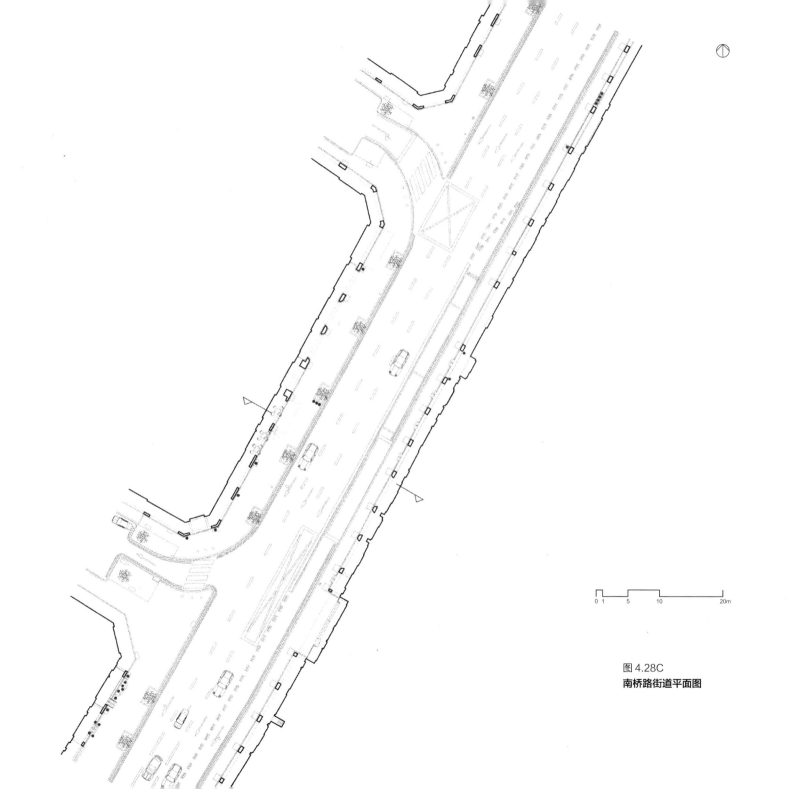

图 4.28C

南桥路街道平面图

0 1　　5　　10　　　　20m

树和灯柱。这是因为西侧的人行道更加宽敞，而东侧极为紧凑，没有街道公用设施或景

观美化。东侧街墙铰接着建筑细节、招牌和壁挂式照明设施。街道底部的条件确实支持

行人使用街道，使人行道更加人性化，街道空间界定明确，但是由于车道宽阔，西侧人

行道的规模大，看上去是车辆主导了街道，有些抑制街道的社会作用。

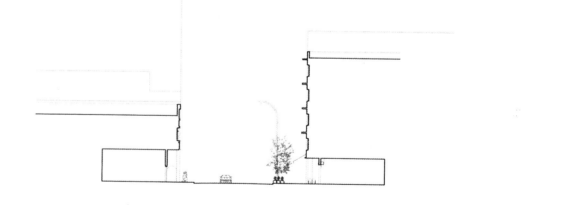

图 4.28D
南桥路街道剖面图

图 4.28E
新加坡照片

图 4.29A
东京城市平面图

图 4.29B
东京城市剖面图

日本东京　　　　　　　　　北纬35° 36′ 53″，东经139° 34′ 52″

　　自15世纪以来，东京所在地一直是一个名叫江户的渔村。1603年，日本幕府首领德川义佑将统治机构搬过去之后，江户才成为城市。之后的两个世纪，这座城市成为日本的商业中心和人口最多的城市。1868年，日本天皇将皇宫迁到江户，江户才更名为东京。东京濒临东京湾，位于日本群岛最大的岛屿——本州岛东岸。古江户城是围绕位于隅田川西岸平原的设防城而建的，城市大多占据着河口三角洲的复垦土地。商业活动集中在城南和城东，住宅和政府区域则在西部丘陵。成为首都之后，皇宫就是径向组织网络的中心，网格街道与主干道对齐。但是与同心的道路网络不同，东京实际上是一个多中心城市，有多个不同的城市中心，各个城市中心都有众多人口，而经济、文化和社会特征各异。这座城市传统上由2 ～ 3层建筑组成，但自20世纪70年代以来，迫于城市密度和人口增长的压力，东京修建了更多摩天大楼，并拥有中层城市肌理，城市也变得更加垂直。东京中心区域现在通常为10 ～ 20层的建筑，重要中心则有多座高层塔楼。城市空间密集而垂直，即使是宽阔的街道，也被高耸的街墙围合着。[29]

东京歌舞伎町一丁目十一番街

这条街道大体上呈南北走向，地处东京的零售和娱乐中心以及卫星中心之一的新宿区，在历史核心区西侧，是一条用于零售的小路。街道由3 ～ 5层高的建筑物构成，街墙极为活跃，广告丛生，外墙处理方式多样。中间的铺设区域狭窄（6.4米/21英尺），有道路标识界定着建筑物旁的狭长地带（1.5米/4英尺11英寸），用于停放自行车和临时标志。一楼通常直接与街道的外部空间相连，零售商店可以直接从大型门洞进入，但是比人行道高一级台阶。有入口通道可以上楼，一楼外墙有一些凹陷部位，在街道的内部和中部流通区域之间形成一块空间。街道为垂直空间，街墙集结着大量尺寸各异的广告，既有整个表面被图片覆盖的小招牌，也有闯入空间的两层灯箱。街道强烈的围合感、街墙强烈的视觉强度以及零售街道的繁忙本质，形成了积极和刺激的公共环境。

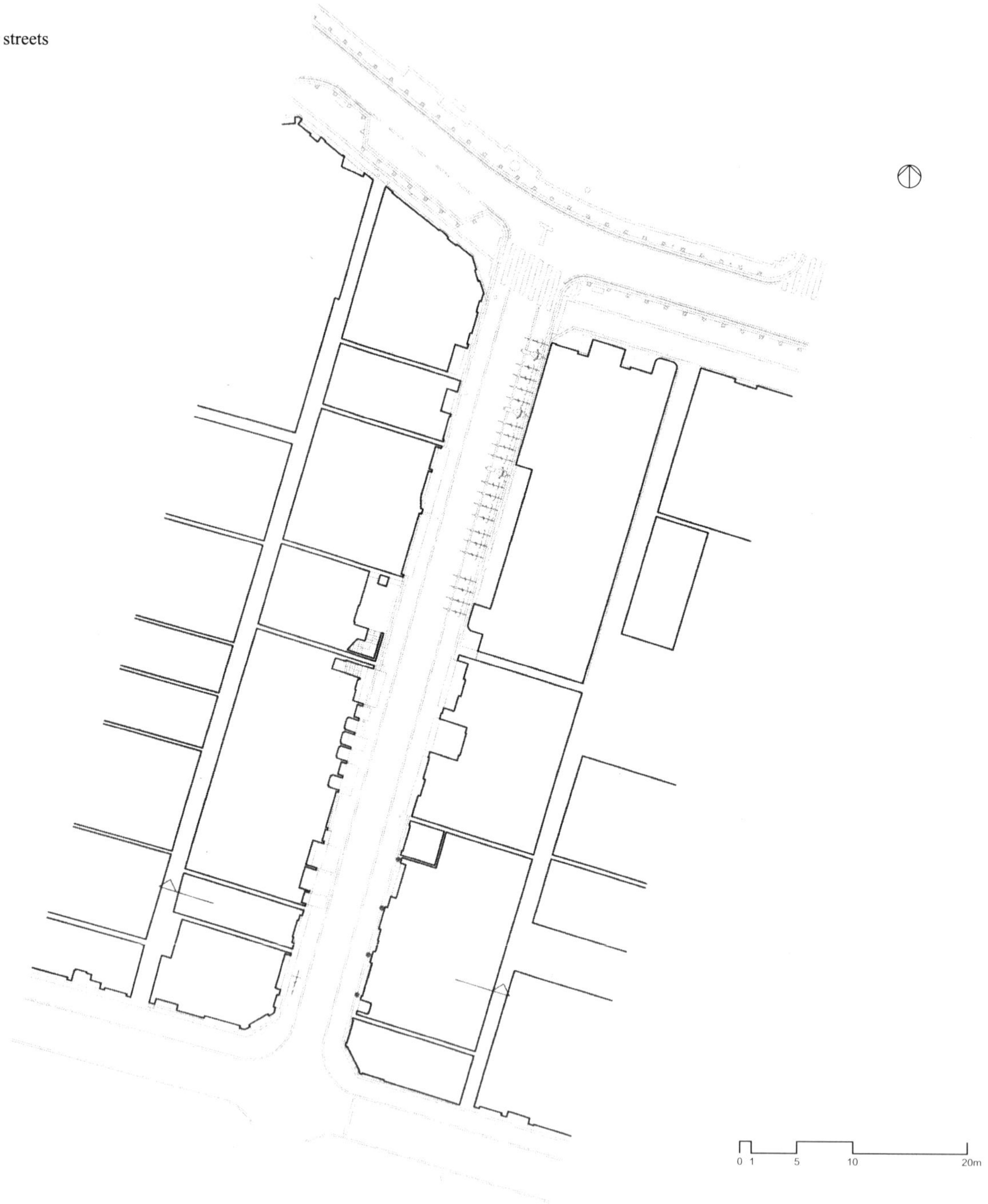

图 4.29C
歌舞伎町一丁目十一番街街道平面图

0 1   5   10   20m

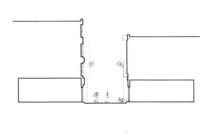

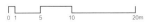

图 4.29D
歌舞伎町一丁目十一番街街道剖面图

图 4.29E
东京照片

图 4.30A

温哥华城市平面图

0 100 250   500   1000m

图 4.30B

温哥华城市剖面图

0 100 250   500   1000m

加拿大温哥华　　　　　　　　北纬49° 14′ 58″，西经123° 07′ 09″

　　虽然美洲原住民在温哥华地区已经居住了很长时间，后来该地区又增添了许多欧洲

人居住区，但是这座城市直到19世纪70年代才正式建立起来。当时的温哥华地区出现了

大量锯木厂，伐木活动十分活跃。随着加拿大太平洋洲际铁路的修建，温哥华成为加拿

大西部的主要贸易中心，并发展成为主要港口。这座城市位于加拿大西南部的巴拉德半

岛，北部濒临巴拉德湾，南部是弗雷泽河入海口。城市的地形为从半岛西北岸向东部倾斜，偶有低山丘陵。市中心紧凑垂直，背靠北岸山脉的陡峭南坡，故城市具有独特的形态。为了与河滨方向对齐，城市在商业中心区规划了西北至东南走向的网格街道，但是其他地区的网格街道为南北及东西走向。主干道京士威道横穿市中心，自东南至西北斜贯城市网格。城市东部边缘还有一条高速公路。温哥华市中心的空间开阔且垂直，核心区街道宽阔，矗立着高层塔楼，但向非核心区过渡时，街道建筑变得低矮，宽阔的车道两侧是2～3层建筑。城市环境充满活力，近年来注重行人体验和可持续发展，试图慎重解决城市问题，使城市拥有强大的文化、社会设施与宜居的社区。[30]

温哥华罗伯森街

罗伯森街呈东南—西北走向，位于温哥华市中心，从不列颠哥伦比亚体育场前面的贝蒂街一直延伸到西北部史丹利公园边缘的潟湖大道。街道西南端是大型商业办公开发区，西端是低层购物区，向西北往史丹利公园方向则是住宅区。这条街道的一楼大多是零售商店，而楼上是商业或住宅空间，只有西北端是住宅区。这里要描述的这段街道属于购物区，建筑物高2～3层，车道宽阔（13.7米/45英尺），两侧是相当宽敞的人行道（7.6米/25英尺）。街墙样式多样，有凹槽、檐篷、百叶窗和凸窗，一楼的大型门洞和橱窗直接与街道的外部空间相连。设施区内每隔一定距离就竖立着行道树和灯柱，头顶还有电线穿过，共同构成了车道空间，并界定了建筑物前方的垂直空间体块，人行道上方挑出的檐篷和遮阳篷水平分割了这个空间，使街道变得相对狭小了一些。供行人使用的空间，充满视觉刺激的街墙，空间分层和对细节的关注，共同打造出活跃的社交型街道。

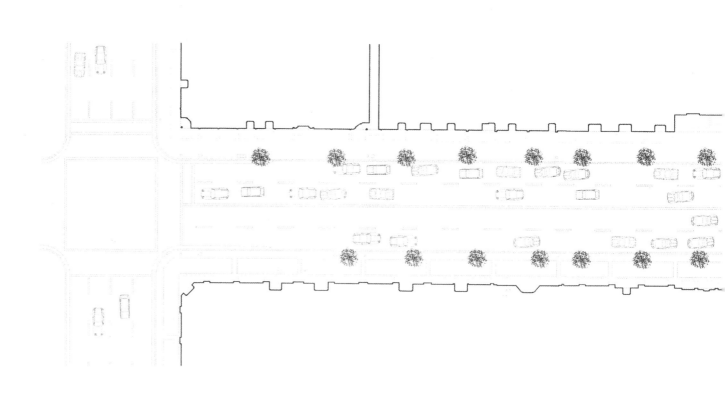

图 4.30C
罗伯森街街道平面图

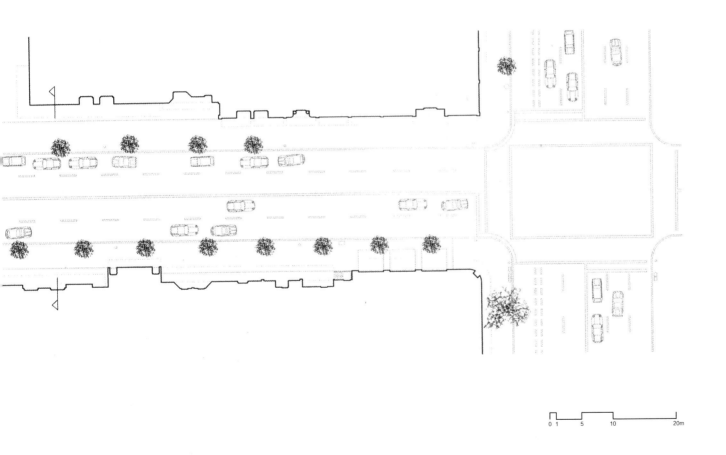

0 1　5　10　20m

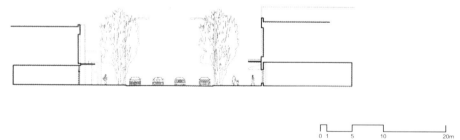

图 4.30D

罗伯森街街道剖面图

图 4.30E

温哥华照片

注释

　　每个案例中的基本背景知识都出自《大英百科全书》在线资源，其他信息则来自平面图、剖面图、地图及作者的直接经验和常识。

1. "Amsterdam." *Encyclopædia Britannica. Encyclopædia Britannica Online*. Encyclopædia Britannica, Inc., 2013. Web. 6 Oct. 2013.

2. "Bangkok." *Encyclopædia Britannica. Encyclopædia Britannica Online*. Encyclopædia Britannica, Inc., 2013. Web. 6 Oct. 2013.

3. "Beijing." *Encyclopædia Britannica. Encyclopædia Britannica Online*. Encyclopædia Britannica, Inc., 2013. Web. 6 Oct. 2013.

4. "Boston." *Encyclopædia Britannica. Encyclopædia Britannica Online*. Encyclopædia Britannica, Inc., 2013. Web. 6 Oct. 2013.

5. "Buenos Aires." *Encyclopædia Britannica. Encyclopædia Britannica Online*. Encyclopædia Britannica, Inc., 2013. Web. 6 Oct. 2013.

6. "Cape Town." *Encyclopædia Britannica. Encyclopædia Britannica Online*. Encyclopædia Britannica, Inc., 2013. Web. 7 Oct. 2013.

7. "Chicago." *Encyclopædia Britannica. Encyclopædia Britannica Online*. Encyclopædia Britannica, Inc., 2013. Web. 7 Oct. 2013.

8. "Copenhagen." *Encyclopædia Britannica. Encyclopædia Britannica Online*. Encyclopædia Britannica, Inc., 2013. Web. 8 Oct. 2013.

9. "Fès." *Encyclopædia Britannica. Encyclopædia Britannica Online*. Encyclopædia Britannica, Inc., 2013. Web. 8 Oct. 2013.

10. "Genoa." *Encyclopædia Britannica. Encyclopædia Britannica Online*. Encyclopædia Britannica, Inc., 2013. Web. 8 Oct. 2013.

11. "Glasgow." *Encyclopædia Britannica. Encyclopædia Britannica Online*. Encyclopædia Britannica, Inc., 2013. Web. 8 Oct. 2013.

12. "Lagos." *Encyclopædia Britannica. Encyclopædia Britannica Online*. Encyclopædia Britannica, Inc., 2013. Web. 8 Oct. 2013.

13. "London." *Encyclopædia Britannica. Encyclopædia Britannica Online*. Encyclopædia Britannica, Inc., 2013. Web. 8 Oct. 2013.

14. "Mexico City." *Encyclopædia Britannica. Encyclopædia Britannica Online*. Encyclopædia Britannica, Inc., 2013. Web. 10 Oct. 2013.

15. "Montevideo." *Encyclopædia Britannica. Encyclopædia Britannica Online*. Encyclopædia Britannica, Inc., 2013. Web. 10 Oct. 2013.

16. "Montreal." *Encyclopædia Britannica. Encyclopædia Britannica Online*.
    Encyclopædia Britannica, Inc., 2013. Web. 10 Oct. 2013.

17. "Munbai." *Encyclopædia Britannica. Encyclopædia Britannica Online*.
    Encyclopædia Britannica, Inc., 2013. Web. 10 Oct. 2013.

18. "Newcastle upon Tyne." *Encyclopædia Britannica. Encyclopædia Britannica Online*.
    Encyclopædia Britannica, Inc., 2013. Web. 10 Oct. 2013.

19. "New York City." *Encyclopædia Britannica. Encyclopædia Britannica Online*.
    Encyclopædia Britannica, Inc., 2013. Web. 10 Oct. 2013.

20. "Paris." *Encyclopædia Britannica. Encyclopædia Britannica Online*.
    Encyclopædia Britannica, Inc., 2013. Web. 11 Oct. 2013.

21. "Pittsburgh." *Encyclopædia Britannica. Encyclopædia Britannica Online*.
    Encyclopædia Britannica, Inc., 2013. Web. 11 Oct. 2013.

22. "Rio de Janeiro." *Encyclopædia Britannica. Encyclopædia Britannica Online*.
    Encyclopædia Britannica, Inc., 2013. Web. 11 Oct. 2013.

23. "Rome." *Encyclopædia Britannica. Encyclopædia Britannica Online*.
    Encyclopædia Britannica, Inc., 2013. Web. 11 Oct. 2013.

24. "San Francisco." *Encyclopædia Britannica. Encyclopædia Britannica Online*.
    Encyclopædia Britannica, Inc., 2013. Web. 11 Oct. 2013.

25. "San Miguel de Allende." *Encyclopædia Britannica. Encyclopædia Britannica Online*.
    Encyclopædia Britannica, Inc., 2013. Web. 11 Oct. 2013.

26. "Saint Petersburg." *Encyclopædia Britannica. Encyclopædia Britannica Online*.
    Encyclopædia Britannica, Inc., 2013. Web. 11 Oct. 2013.

27. "Shanghai." *Encyclopædia Britannica. Encyclopædia Britannica Online*.
    Encyclopædia Britannica, Inc., 2013. Web. 12 Oct. 2013.

28. "Singapore." *Encyclopædia Britannica. Encyclopædia Britannica Online*.
    Encyclopædia Britannica, Inc., 2013. Web. 12 Oct. 2013.

29. "Tokyo." *Encyclopædia Britannica. Encyclopædia Britannica Online*.
    Encyclopædia Britannica, Inc., 2013. Web. 12 Oct. 2013.

30. "Vancouver." *Encyclopædia Britannica. Encyclopædia Britannica Online*.
    Encyclopædia Britannica, Inc., 2013. Web. 12 Oct. 2013.

C 第 hapter
F 五 ive
章

分析街道：方法论

Analysing Streets: The Methodology

街道是复杂的，集合了社会、文化、经济、计划、物理等多个因素。虽然了解街道的物理属性并不意味着就完全了解了这个地方，但是街道的物理属性无疑对人们体验和感知特定街道及其特征具有重大影响，而明确把握街道的物理和空间特征，有助于全面了解一条街道。

观察和记录至关重要，但有条理地展开调查才是无价、清晰而有深度的，同时，调查信息也可以用来比较。本书主张逐一分析剖面图的各个方面，识别基本构成，了解基本情况。本书认为，结合各图解的信息，可以考察各街道元素之间的关系；绘制图解，并列出这些街道元素及其相互作用和形成的空间与品质。因此，本书建议详细调查剖面图并制订框架，以研究具体布局的空间结果，形成宝贵的深层知识。

在研究街道的物理和空间特征时，进行视觉分析有助于清晰而直接地了解所讨论的话题。剖面图在关注具体特征的同时，也能传递街道组件的组织情况。图纸不能完全再现三维空间的丰富体验和感知，但是可以促进人们对环境配置进行视觉考察，利用空间

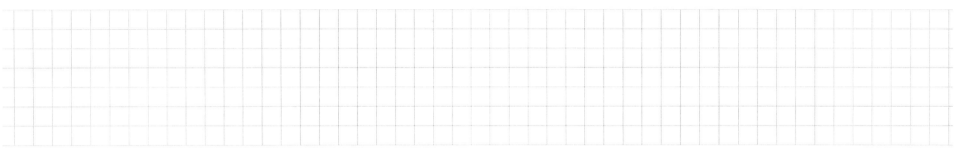

功能来处理信息，评估关系，并增进理解。人脑对视觉材料进行处理时需要运用知觉和判断力，才能强化信息的传递和接收。图纸有助于人们同时了解多个相互关联的数据层及其连接方式和模式。虽然剖面图简化、抽象，且需要阅读者具备熟练的技巧，但是对训练有素的从业者而言，剖面图能够有效地描述街道的体块和材料特征。

比较分析法能有效地展现具体情况和一般信息。此类分析能展示城市街道的共同元素，突出基本构成和组织方式。差异不论大小，都能说明街道具体配置的特质，不论是大体相似的布局，还是迥然不同的情况，它们之间的差异都同样有趣。比较并评估信息时，要质疑并重新评估基本关系，以扩展和增进对街道的了解。有条理地进行比较分析，还能在一般概念中添加几组选定的数据，从而进一步了解街道具体情况，并扩大学科知识体系。比较并考察现有模型，可以获得有用的指导并开发参考资源，再结合第一手经验，可以形成宝贵的工具知识。

方向

　　街道空间的方向是一项非常简单的基本信息，却在一定程度上被人忽略，但是这确实是一个重要的基本特征。绘制一个矩形并简单勾画出街道的大致体块，以确定该街道是水平空间还是垂直空间，这是调查的第一步。

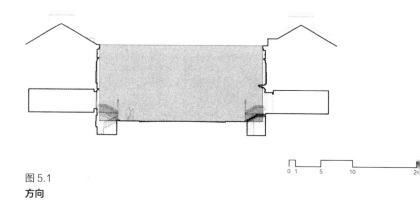

图 5.1
方向

比例/高度宽度比

　　空间比例的确定也至关重要。街墙高度与街道宽度之间的关系是确定街道围合性质的其中一个关键点。测量两个主要维度——高度（H）和宽度（W），并用比率表示，可以表明空间轮廓的大小和类型。

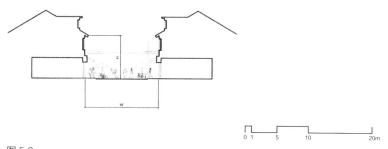

图 5.2
比例 / 高度宽度比

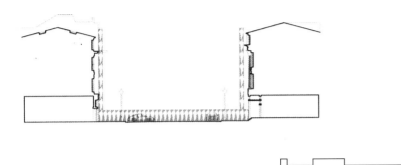

图 5.3
规模

规模/各部分规模

以人体为衡量尺度，确定街道两大维度的尺寸，是考察街道规模的基础。这种度量可以进一步运用于其他组成部分。了解人体与街道的整体框架和部分组件之间的关系，有助于人们正确认识街道规模以及街道规模对人感知和体验街道可能产生的影响。

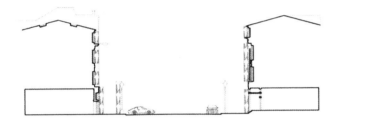

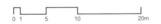

图 5.4
各部分规模

水平层次

考察街道，并利用图片识别这些层次，能了解空间的水平结构。这种做法能够展现出不同区域之间的边界和阈值，以及它们之间微妙的差异和重叠的部分。街道水平层次的轮廓能够突出街道的关键空间特征，水平层次是街道空间的两大主要构成之一。

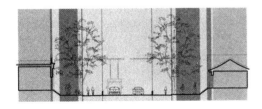

图 5.5
水平层次

垂直层次

分析街道，并利用图解确定垂直层次的数量和位置，能够说明街道空间的另一个主要构成。垂直层次的线条划分了街墙之间的空间分层，并与水平边界相互作用，描述街道的体块。

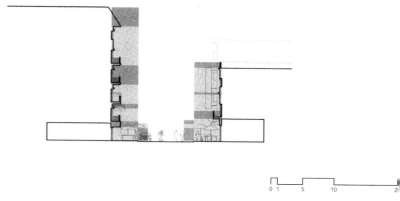

图 5.6
垂直层次

公共/私人特征

街道空间应划分为不同区域，并且在私人空间到公共空间内变动。这些区域的结合和性质强烈影响着街道的社会功能。界定不同的区域，并确定每个区域在该范围内的位置极为重要，有助于人们了解街道的社会层面。用于区分这些区域的术语有：私人（PR）、半私人（SPR）、半公共（SP）和公共（P）。私人空间由私人控制或拥有，非请勿入。半私人空间与私人空间有关，是限制访问群体的私人空间。半公共空间与公共空间相邻，但具有明显的社会界线，可以随意使用。公共空间则是向所有用户开放的共享空间。

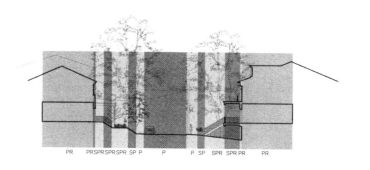
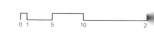

图 5.7
公共 / 私人特征

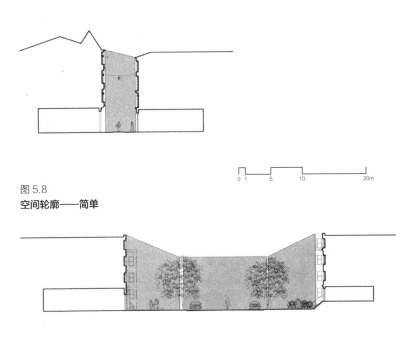

图 5.8
空间轮廓——简单

空间轮廓

　　街道空间可以有各种各样的空间轮廓，也可以完全没有空间轮廓，可以是开放的，也可以是封闭的，可以堆叠，也可以分层，可以水平，也可以垂直，还可以缺乏包容性，没有形成清晰的空间。考察街道的空间体块，识别空间轮廓并确定其品质，对于人们评估街道围合的属性和性质至关重要。清晰可辨的空间轮廓与街道围合，是识别空间特征的重要因素。而模糊的空间轮廓则会削弱人们对街道特征的感知，常使体验变得无趣或不自在。

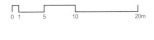

图 5.9
空间轮廓——分层

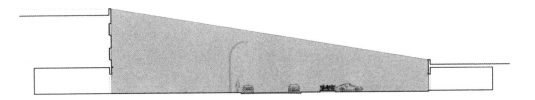

图 5.10
空间轮廓——模糊

围合与开放

绘制围合空间的数量、位置和次序及其与开放场所的关系，人们可以发现有一些地带和防护是由建筑物在不同程度上界定的。这个分析过程与对公共、私人空间和街道边缘特征的考察有重叠，但却能够具体识别出物理构成的包容性。分析围合与开放有别于分析由景观元素或街道公用设施所界定的地带。

图 5.11
围合与开放

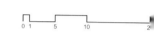

街墙底部

街墙底部对于人行道的构建起着至关重要的作用，并最终对街道有重大影响，因此人们需要对街道的这个部分进行考察。要确定配置是软质还是硬质，是唐突而直接的，还是分层且经过调节的，才能确定街道边缘的特征。街道的软边缘能支持和促进社交聚会，模糊内外部空间的区别。硬边缘能使各元素间形成直接联系，连接内外部空间，并带来互动。

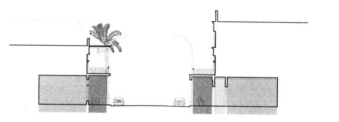

图 5.12
街墙底部——软边缘

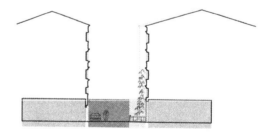

图 5.13
街墙底部——硬边缘

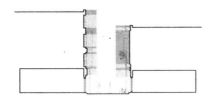

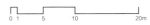

图 5.14
外墙铰接

外墙铰接

街墙的细节程度影响着街道空间周边的光学品质。细节丰富的外墙产生活跃的表面，具有更多的视觉刺激，能够吸引街道的使用者。外墙的纵深变化大，会产生夸张的光影和空间变化，也能形成活跃的街墙。街道空间的边缘也在一定程度上体现了细节处理，表明建设者所耗费的心血和所施展的工艺。简单平坦的外墙则强调平面，产生紧凑而强大的边界。人的视线快速扫过平滑的表面时，几乎不会区分其中的差别。未经装饰的外墙也可以构成一条引人注目的街道，因为对每一条街道的街墙进行评估时，还必须结合街道的其他元素。

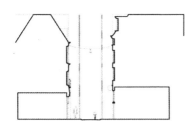

图 5.15
通透性

通透性

通透性是街墙的一个重要特征，因为不论是窗户和门洞的位置，还是完全通透的外墙，通透性都会影响街道的感知和体验。规则的开口预示着内部空间的规模，在视觉上形成有规律的变化。大型开口在内部空间和街道之间建立连接。通透的外墙形成复杂的反射网和相互渗透的层次，并随着光线和环境的改变而发生变化丰富的光学效应。

体块的相互作用

空间体块由街道元素构成，绘制各体块的边缘，可以观察它们相互渗透和重叠的情况。这种分析能够了解水平分区和垂直分区的相互作用，说明体块的结构。描述不同的空间体块及其相互作用，能够说明街道空间的复杂程度。密集的体块排列能激发街道的活力，而简单的体块网络形成稳定的空间。

为了演示图解法的使用，这里从第四章中选择两条街道进行分析。

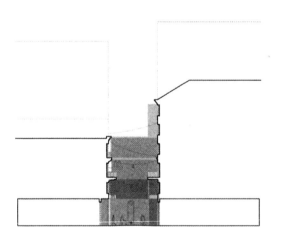

图 5.16
体块的相互作用

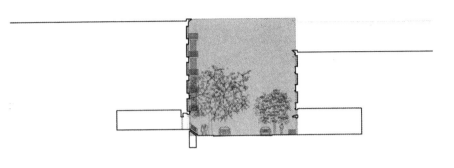

图 5.17
方向——东三街

纽约东三街的视觉分析

方向

纽约东三街在视觉方向上表现出强烈的垂直感，但考察时如果在街墙之间绘制一个矩形，就能够很清楚地发现街道体块只是略有垂直。进一步调查之后发现，街道的垂直感还受其他因素的影响。

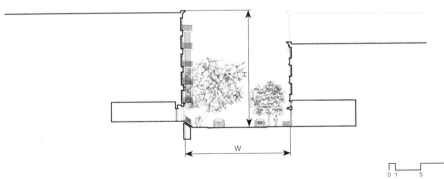

图 5.18
比例 / 高度宽度比——东三街

比例/高度宽度比

东三街街墙顶部最高为18米/59英尺1英寸（H），边缘之间的宽度为16.6米/54英尺5英寸（W），高宽比为1:0.92，形成了强大的围合和清晰的空间轮廓。北侧街墙较矮（13.05米/42英尺10英寸），计算后得出高宽比为1:1.27，仍然足以形成清晰的空间轮廓。

规模/各部分规模

　　分析街道规模后发现，街道整体框架的规模适中，人行道距离街墙较近，人们在这里足以进行视觉识别和声音交流。街道空间并不狭小，但也不会过大而导致人们无法交流。考察还发现，街道的北侧规模较小，街墙较矮，开口较小。而南侧的入口和开口都较大，且一楼以上的层次是规则的，尺寸不会随着外墙高度的增加而减少。研究街道的不同元素后发现，两侧街墙的开口都与人体尺寸相协调，墙面装饰有建筑细节，人行道不宽。

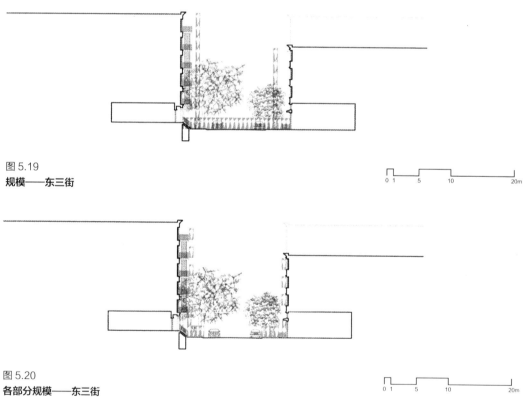

图 5.19
规模——东三街

图 5.20
各部分规模——东三街

水平层次

图解街道的水平层次，可以说明街道整体的典型组织方式，如将人行道分为不同区域（过渡区、流通区、设施区和路缘区），第三章对此进行了详细描述。通过图解街道的水平层次，人们还可以清楚地看出，适度的空间规模使这些区域变得相对紧凑，恰好能满足街道的需求。图解还能展示街道内外部空间形成各个街道区域的方式，以及两个过渡区之间的差异，即南侧街墙的内外部空间之间的层次更多。

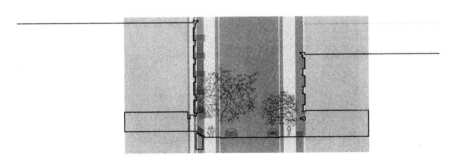

图 5.21
水平层次——东三街

垂直层次

考察该街道的垂直层次能发现街道两侧过渡区的独特之处。虽然水平尺寸极为相似，但是垂直变化赋予了它们不同的特征。街道北侧的一楼与人行道齐平，直接与街道相连，入口附近的一小块区域用栅栏围着。而街道南侧入口要高出人行道半层楼，登上一段台阶会到达一个小门厅。水平高度的变化增添了一块可以俯瞰街道的空间，用来调节内部的私人空间和人行道的公共空间。那些台阶也为人们提供了在街边随意就座的机会，人们可以在此进行社交互动。而在街道北侧，过渡区则直接与人行道相互作用，人们站着进行社会互动。在街墙底部的上方，垂直层次有规则地堆叠着，并通过窗口和防火梯勾勒出轮廓。行道树的树冠也形成一个垂直层次，围合着人行道空间。

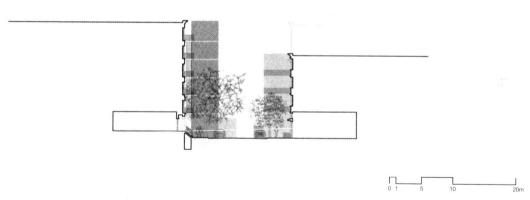

图 5.22
垂直层次——东三街

公共/私人特征

确定街道从公共空间到私人空间的变化，能够进一步区分街道两侧特征，并突出街道南侧更为有序。街道南侧的门槛更多，控制着从街道公共空间到内部私人空间的过渡，还有半公共的楼梯和门廊、半私人的入口门厅、入口分界和共有走道。而街道北侧在进入半私人走廊或零售商店之前，有一个半私人的缓冲区和半私人的入口门槛，连接着公共空间和半私人的内部空间。这个缓冲区虽然有被零售商占用的情况，但并非总是如此。街道北侧的这种快速通道还可能是突兀的。

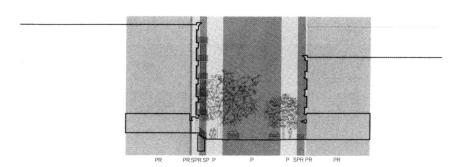

图 5.23
公共 / 私人特征——东三街

空间轮廓

分析街道的空间轮廓，可以发现三个不同围合，即行道树形成中央垂直空间，而树木与街墙之间还有两个高大的垂直空间。这三个垂直空间的分层形成高大的街道围合，并突出树木和外墙之间的相互作用。街道南侧的防火梯叠加在一起，底端拉低了人行道空间的顶端，而街道北侧的外墙相对简洁，将空间轮廓延伸到檐口。

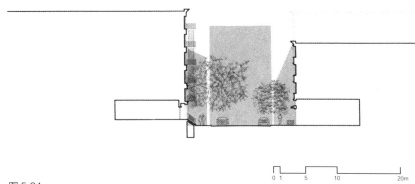

图 5.24
空间轮廓——分层——东三街

围合与开放

考察街道并识别从围合到开放的变化，也能说明街道北侧内外部空间之间的连接更为直接、开放，而街道南侧则经过了调节。北侧街墙入口处有一小处挑出，围合着一小块空间，并形成入口框架。南侧街墙有多个围合，高度的变化则使开放感降低。

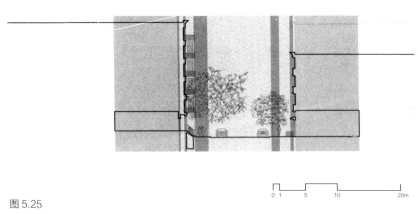

图 5.25
围合与开放——东三街

街墙底部

对东三街的调查表明，该街道有一定的硬边缘。街道北侧的栅栏围着一小块场地，而街道南侧则有一段台阶调节空间体块。虽然这样能够调节街道边缘，但效果有限。与北侧相比，街道南侧边缘形成的缓冲更强，台阶向街道挑出，产生空间变化。而街道北侧强调边缘的直接性，小块围栏区带来的空间变化极小。

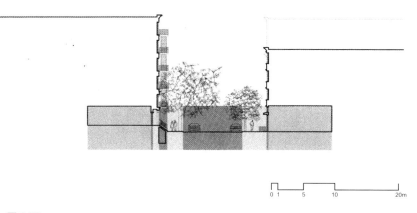

图 5.26
街墙底部——软质还是硬质——东三街

外墙铰接

构成街道的外墙没有高度铰接。该图解展示了大量垂直分区，但几乎没有纵深变化，建筑细节也有限。街道北侧边界更为简单，只有简单的窗口和朴素的檐口。街道南侧则差别更大，开口四周修饰着石材。南侧划分的地块较小，增加了构成街墙的建筑体数量，防火梯的数量也更多。虽然这种外墙变化是间歇性的，但是它确实会对周边产生影响，如线形窗饰促成了光影的交替，使街道空间的边缘变得生动。

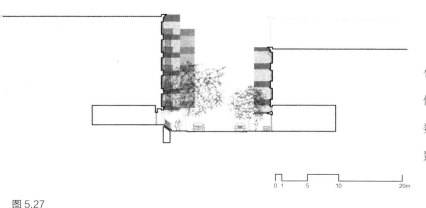

图 5.27
外墙铰接——东三街

通透性

调查表明大部分街墙都是实体，开口间距规则，且与楼层相关。墙体不透光，将空间收入其中，不反射光线，也没有反射表面，无法扩展空间。开口规模允许光线进入内部空间，也允许人们在室内观赏室外风景，但不会向街道展示内部活动，限制了内外部之间的相互作用。

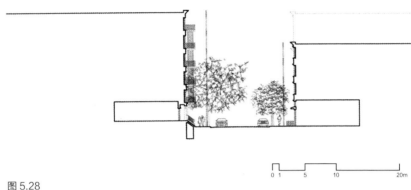

图 5.28
通透性——东三街

体块的相互作用

体块分析表明，街道空间以垂直体块为主，水平体块只出现在一楼。这些水平体块位于街道流通区，关联着内部空间和车道。垂直体块在一楼以上，主要在视觉上产生了高大、堆叠的街道感。两类体块在人行道上发生相互作用，其中内部的水平体块与人行道中央的垂直体块重叠，形成了一系列相互渗透的体块，铰接着不同的空间。

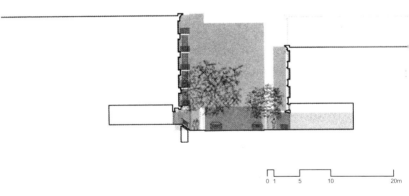

图 5.29
体块的相互作用——东三街

新加坡南桥路的视觉分析

方向

　　考察街道时沿四周绘制一个矩形，发现该街道大体上为中立方向，虽然视觉上街道呈垂直状，但是其高度只是略大于宽度。记录实际的边缘很重要，能够突出其他元素对视觉感知的影响。

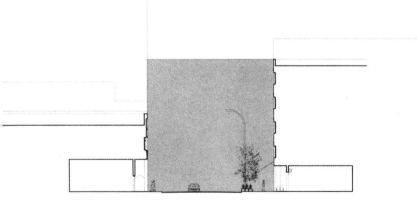

图 5.30
方向——南桥路

比例/高度宽度比

　　街道的西侧街墙较高，顶部高20.5米/67英尺3英寸（H），街墙之间的宽度为19.94米/65英尺5英寸（W），高宽比为1：0.97，近似1：1，因此南桥路街道西侧有着清晰的空间轮廓。较矮的东侧街墙高12.05米/39英尺6英寸（H），高宽比为1：1.65，这表明街道东侧有着可接受的轮廓范围。

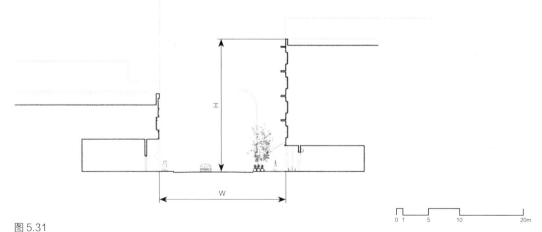

图 5.31
比例 / 高度宽度比——南桥路

规模/各部分规模

调查街道的整体规模，可以发现基本尺寸的重要性，因为空间框架大，具体元素的变化能说明基本尺寸如何为人们所感知。车道的宽度允许人们展开基本的视觉连接，但限制了人们的口头交流。街道东侧的地块面积小，建筑物高2～5层，外墙较高部分的比例也比较人性化，而街道西侧的地块更宽敞，建筑物高4～5层，该侧街墙总是比东侧高。尽管街道东侧规模较小，宽阔的车道和街道西侧高大的街墙还是给人以大型街道的感觉。考察具体构成的规模，可以发现东侧街墙的规模更小，因其整体尺寸、元素和铰接都相对较小。西侧街墙底部的规模比较人性化，檐篷和窗户开口大致与人体相称，并将外墙有序隔开，不过该侧的街墙高度和几何细节却表明该街道的规模比较大。

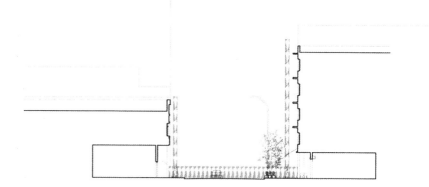

图 5.32
规模——南桥路

0 1   5   10   20m

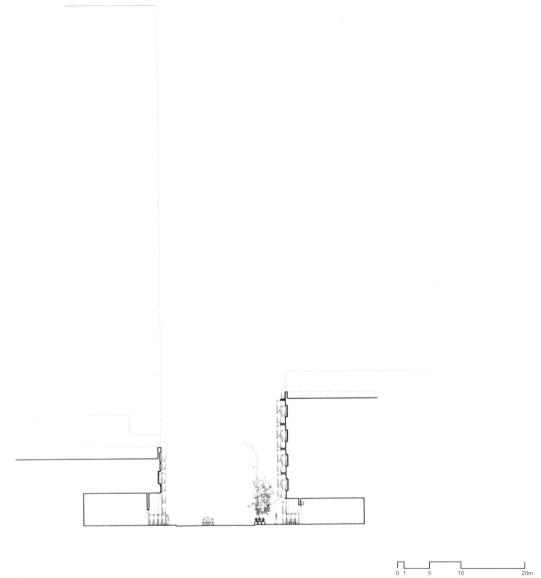

图 5.33
各部分规模——南桥路

水平层次

考察街道的水平层次，可以看出街道两侧的结构差异，因为街道东侧的人行道简单、开阔，还有凹陷的拱廊，而街道西侧人行道则有多个层次，由景观元素、街道公用设施和铰接过渡区构成。东侧边缘虽小，仍有凹陷的入口和商店橱窗进行着空间调节，在人行道以外形成遮棚，供人往来、逛橱窗、随意社交。西侧的层次分得更为精细，在人行道上规划有设施区以对车辆交通进行缓冲，且一楼凹陷处前有遮阳篷，形成一个突出的空间层次。这些附加元素可以增加人行道与邻近区域的活动，并可能改善街道的社会用途。

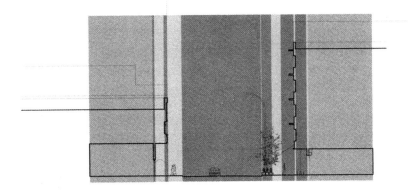

图 5.34
水平层次——南桥路

垂直层次

图解街道的垂直层次，也能说明街道空间两侧的差异。街道东侧规模较小，垂直分区较少，并向街墙顶部逐渐变小。而街道西侧街墙底部的垂直层次较多，增加了行道树和基础设施，楼上则是规则格局，故空间层次较多。由此形成的垂直结构将东侧空间拉向人行道，但抬高了西侧的空间，既强调了街道的垂直性，又增大了街道的规模。

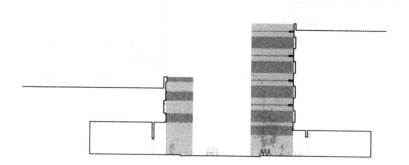

图 5.35
垂直层次——南桥路

公共/私人特征

　　对南桥路的分析表明，该街道是直接从公共空间发展到私人空间。两侧的中部空间都有一个区域用以调节和过渡人行道的公共空间，其中一侧是半私人空间，为顾客提供座椅和遮阳篷，另一侧则是半公共空间，有挑出的遮棚。这个区域与人行道之间用一小排柱子划分，所构建的空间连接着内部空间和人行道。街道西侧有两个不同的公共空间——流通区和设施区，这里的空间和座椅等可以供人站立或随意入座。

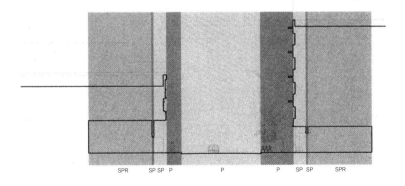

SPR　　SP SP P　　　P　　　　　P　SP SP　　SPR

0 1　　5　　　10　　　　　20m

图 5.36
公共 / 私人特征——南桥路

空间轮廓

　　街道的空间轮廓是开放的，街道东侧的空间轮廓越过车道延伸到树顶，再向建筑物立面延伸。街道西侧的空间轮廓的划分则更为复杂，挑出的遮阳篷和树冠与街墙形成两个空间。分析这条街道的空间轮廓，可以说明一致的街墙对街道有何影响，高度宽度比以及行道树也对街道有调节作用，因为宽阔的车道收于外墙围合之中，也受限于垂直的树木。

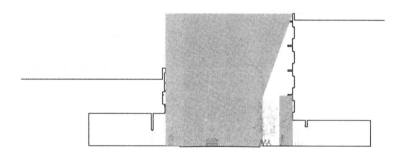

图 5.37
开放的空间轮廓——南桥路

围合与开放

正如在调查水平层次和公共/私人特征时所讨论的那样，街道两侧的内部空间和人行道之间存在着围合区域。而在街道西侧，挑出的遮阳篷和行道树的树冠扩大了该围合。这几块围合区域在街道通行空间和内部空间之间起缓冲作用，牵制着人行道完全开放的空间。

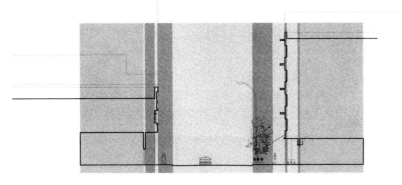

图 5.38
围合与开放——南桥路

街墙底部

　　南桥路街墙底部有凹槽，街道有一定的软边缘，而外墙与地界线一致对齐，在街道边缘形成清晰的轮廓。街道西侧的遮阳篷在内外部接合处增添了另一片空间，使街道边缘更软。这些空间层次模糊了内外部之间的界限，使内部活动得以向人行道延伸，并支持社交，为行人提供驻足于此的机会。

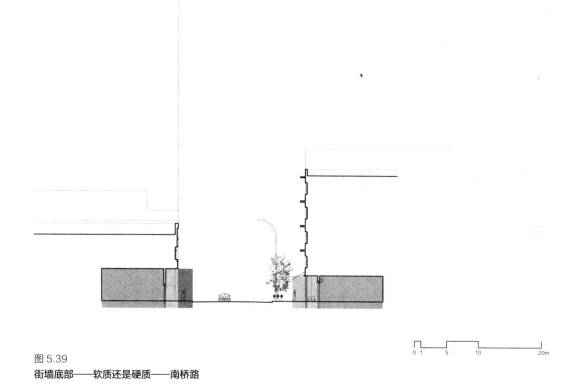

图 5.39
街墙底部——软质还是硬质——南桥路

254

外墙铰接

分析街道外墙，可以看出街道东侧比较简洁，而街道西侧相对有序。东侧的平面外墙有浮雕、层拱和装饰线条等建筑细节。这些装饰特征简朴，但它们确实引人注目，构成人性化的外墙。西侧立面有着规则的窗口和光滑的表面，而窗户上方有水平窗楣挑出，增加了些许纵深。西侧外墙未经装饰，在街道西侧形成平面边界。

图 5.40
外墙铰接——南桥路

通透性

考察街墙，并评估外墙的通透性，发现两侧大部分外墙是实体墙，街道东侧街墙的开口极少，而街道西侧街墙每层都有开口。在东侧建筑物的一楼，有大型商店橱窗，视觉上连接着内外部空间。二楼的窗户小，服务于内部空间，不给街道增添视觉刺激。西侧外墙一楼的开口连接街道的外部空间和建筑物内部，可以从里面看见外面的座椅和人行道，并走过去。楼上的窗户也只限于为内部提供光线和景观视野，对街道没有强烈影响。

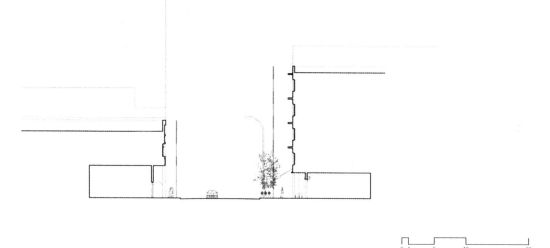

图 5.41
通透性——南桥路

体块的相互作用

分析街道的体块后发现，与街道两侧街墙顶端产生的分区相比，较大块的空间都是水平叠在一起，而街道两侧的一楼，入口凹槽和树冠下方构成较小的水平体块。街道西侧的垂直体块由树木、遮阳篷和外墙界定，而街道东侧的凹槽是个垂直空间。可以观察到体块互动发生在人行道，但是从图解中还可以看出西侧外墙立面沿线也有部分重叠。

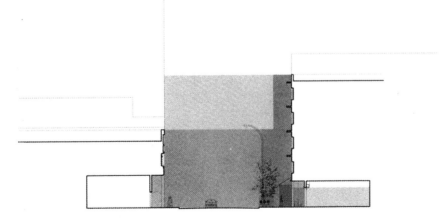

0 1　5　10　20m

图 5.42
体块的相互作用——南桥路

比较纽约东三街与新加坡南桥路

比较两条街道的好处是可以进一步发现二者异同点，更具体地了解每一条街道，还有可能定义普遍原则并应用于其他调查。比较个体街道的图解时，很多时候并不能发现重大差异或获取关键信息。但是评估两张彼此相关的图解，虽然简单，却能增进理解。进行比较时，既需要判断精确，也需要综合运用两套准则并考虑每一组数据，以增强街道认知。

方向

查看两条街道的图解，发现两条街道的空间方向是相似的，测量框架周长结果显示两者几乎都为中立方向，但感知到的却为垂直方向。绘制边界并确定空间的实际方向，突出表明空间各构成相结合对人们感知街道空间的重要意义。比较两个街道的框架周长，发现南桥路的体块更大。

比例/高度宽度比

南桥路的高宽比为1：0.97，而东三街的高宽比为1：0.92。两条街道的高宽比几乎相等，均形成了强大的围合。尽管两条街道都有一侧街墙较高，但较矮街墙的高度也足以维持空间轮廓。比较高度和宽度的尺寸后发现，南桥路更大，车道更宽，街道围合空间的体块也更大。南桥路较高的街墙（20.5米/67英尺3英寸）比东三街较高的街墙（18米/59英尺1英寸）高，而东三街较矮的街墙（13.05米/42英尺10英寸）比南桥路较矮的街墙（12.05米/39英尺6英寸）高。这影响着人们对两条街的感知。下面将对这些做进一步讨论。

规模/各部分规模

以人体为衡量单位，对两条街道的规模进行评估，发现东三街规模较小，总体尺寸也较小。南桥路两侧人行道之间的距离较大，与车道对面的视觉连接更为间接，街道空间顶部的天空也更为开阔，再加上西侧的街墙较高，故更具规模感。而东三街的南侧街墙较高，街墙顶部有窗户，对于进行热烈的视觉和语言交流而言显得距离太远，但是大部分街墙没有这个问题，进一步说明街道的规模较小。

分析两条街道各构成的规模，也突出南桥路规模更大，街道西侧的规模决定了街道的规模。比较考察南桥路与东三街时发现南桥路的各元素也总是更大。南桥路两侧的街墙底部与人行道相通，也比东三街高，虽然东三街的南侧还抬高了半层。南桥路的层高大于东三街，也能放大街道的规模。详细考察街墙后发现，东三街南侧街墙的开口比南桥路西侧街墙的大，但是由于开口仍然接近人体尺寸，因此尺寸的差异不仅没有使人产生规模较小的感觉，反而因为各自铰接着丰富的建筑细节而使人读出更大的规模。

比较两条街道的规模，可以说明一般原则，尽管当前讨论范围内无法对其进行详细解释，但还是可以举几个例子。如上所述，尺寸本身不能决定规模，只有结合各元素及其建立的关系才能表达规模。距离和围合在界定规模时发挥着重要的作用，能够看到立面紧密围合会生成狭小感，因此东三街尽管可能没有小型社区街道那么狭窄，它仍被视为一条比较狭窄的街道，人们更常在街上接触和联系。这显然与街道的功能和使用有关，但后者也是由规模决定的。

水平层次

对两条街道水平层次的研究说明了它们的整体相似性，都有一侧分区更多，且每条街道的车道两侧都有人行道。进一步考察后发现，东三街的结构更紧凑，层次更紧密，街道两侧的水平分隔也更多。调查还显示，东三街两侧的基本结构相似，差异不像南桥路那么明显。南桥路西侧的人行道与东三街相似，有设施区并具有景观特征，但是西侧的结构与东侧差别更大。南桥路东侧缺少水平层次，强调了该空间极小的空间差异和人行道的开放性。这个区域比街道西侧要小得多，而与东三街流通区域的尺寸极为接近，但看上去更大。水平层次的增加使空间更具包容性，有更多次序上的过渡和更多可供人随意使用的空间，从而增加社交互动。而分隔较少、空间未加区分的结构则最大限度地减少人们的视觉活动，鼓励通行并减少社交互动。

垂直层次

比较两条街道的垂直层次，能够发现两条街道之间的差异。东三街的街道两侧的街墙更为一致，每侧楼上均有规范分区，而南桥路街道两侧的街墙则截然不同。东三街的分层均匀地叠加着，但南桥路仅西侧有均匀的层次，东侧的层次则逐渐缩小。南桥路垂直结构的一大特点在于整体高度的不同和层次的变化，且两者的差异比东三街都更显著。进一步研究则说明南桥路东侧街墙与其他街墙之间存在差异。与水平层次一样，该侧分区极少，模式不同，即尺寸随着外墙高度的增加而减小，而对于西侧外墙以及东三街两侧的外墙，一楼以上的层次是规则的。由于垂直分区较小，模式较为单一，此侧外墙立面独具个性，而其他规则的外墙没有这些特点。尽管南桥路东侧外墙一楼开口是四座外墙中最大的，但层次减少，街墙的规模也缩小。调查也显示，南桥路一楼直接连着人行道，而在东三街却是另一种关系。垂直结构既与垂直层次的数目和尺寸相关，也是这些垂直层次模式的具体体现，还是层次内部和层次之间相互作用的结果。

公共/私人特征

两条街道在从公共空间到私人空间过渡方面有一些相似之处，在公共空间和私人空间之间都有分界。但是，过渡的尺寸和配置不尽相同。南桥路的过渡依靠独立围合区域实现，因为街道两侧边界在外墙线下方都有凹槽，形成遮蔽的保护区，以缓冲一楼的私人空间。这还能为进出建筑物的人额外提供社交互动的场所，而他们在这些空间中驻足时，又会吸引更多的人使用这条街道。东三街的过渡则更加开放，因为其南侧的台阶没有被围合起来，有一个小前厅连接公共空间和私人空间，而北侧则用围栏标出了这些空间之间的边缘。南侧的高度变化确实拉开了不同空间之间的距离，不像街道对侧那么直接，但是这两种过渡相对都更小，更开放。对于密集城市而言，如何实现从公共空间到私人空间的过渡具有非凡的意义。调整后的次序会给人们带来保护感，实际上还能鼓励连接，而直接联系会产生不必要的接触，可能使互动减少。

空间轮廓

两条街道的空间轮廓都是清晰和垂直的，而街墙的高度和连续性将街道空间收入其中。东三街的轮廓更为一致，因为街道两侧都有类似的街墙高度和行道树，并与建筑物的立面构成街道空间。南桥路的围合框架不同，其东侧街墙较矮，而西侧还有另一个垂直元素——行道树，减小了开放空间的宽度，而增强了垂直空间的轮廓。东三街空间受到车道两侧的树木挤压而更加狭窄，显得更为局促，而南桥路则更为开阔，因其街道更加宽阔，头顶天空的面积更大，并且只有一排会减小开放空间宽度的树木。包容、清晰、一致的街墙形成了基本的空间轮廓，并通过树木增添垂直感来增强空间轮廓。

围合与开放

分析两条街道的围合，发现南桥路的围合更为强大、正式，因其两侧底部都有一楼凹槽，而东三街的围合较随意，层次也更多，由人行道上的树木构成围合区域。如前所述，南桥路凹陷的入口围合可以调节并增强内外部之间的过渡。在南桥路街道西侧，遮阳篷强化了围合，过渡因而得到延伸。东三街南侧的围合度比北侧更高，台阶之上有入口前厅，围合和高度变化使开放感降到最低。东三街北侧的过渡最为开放，入口上方只有一小块挑出，以缓和与公共空间的连接。不同街道人行道的围合程度各不相同。东三街人行道较窄，有一排树木，凸进人行道的物体构成了围合空间。在南桥路，街墙底部的边缘一致，只有凹陷而没有挑出，所以除非完全退到凹陷处，人行道在主流通区以外没有别的区域可供驻足。南桥路东侧没有树木，人行道相当开阔；西侧的人行道有多个层次，树木和种植区在人行道上形成小块围合。围合区域可能极其有序且具备永久性元素，也可能更加随意、有树木或别的物体闯入街道空间。不管是哪种围合，只要轮廓分明，提供独立地块供人使用，就能促进社会互动。

街墙底部

比较街墙图片后发现，南桥路街墙底部的空间边缘比东三街更软，但东三街底部有南侧的防火梯和台阶以及北侧的小块场地的调节。南桥路的西侧最为不同，块状空间比东侧更多，规模也比东三街南侧更大。东三街北侧的边缘最为突兀，与人行道齐平且直接相连。街墙底部的空间层次与高度变化有助于实现内外部之间的过渡和连接，在人行道上创造社交机会，将内部活动延伸到街道。

外墙铰接

利用图解调查外墙铰接，发现南桥路和东三街的铰接度都不高。这两条街道的外墙都很简单，利用一些建筑细节打造明暗变化，但都没有值得注意的建筑表达或精心设计的装饰元素。南桥路东侧有一些建筑细节，有凹陷有挑出，并进行了适度装饰。东三街南侧的窗户周围有石雕，建筑地块更多，因而建筑物与外部的防火梯之间的建筑细节和垂直元素更加多变。南桥路缺少强大的铰接，在街道空间形成平面边缘，而东三街凸出的防火梯则形成光影交替和盘根错节的线条图案，在空间边缘产生视觉刺激。无论是建筑表达、人类住所，还是建筑设施，只要是活跃、有纵深、有细节的外墙，就能模糊空间的边界，其中一些虽然不能美化街道，但是常常使街道更加生动，更为灵动，从而强化人们的街道体验。

通透性

这两条街道的两侧主要为实体街墙，楼上都有规则的小型开口。南桥路底部有大型开口，服务于该路段的零售商店，东侧开口比西侧开口更高，也更宽。南桥路一楼的内部空间在视觉上和物理上直接与外部连接，楼上的开口提供光线、通风和景观视野，但不向街道展示内部活动。东三街的街墙在各层均有此类开口，保护内部住宅空间不受街道公共空间的影响。两条街道规则的开口都表明建筑物中存在空间的叠加，并在外墙和实体表面形成节奏变化，为每条街道的空间划定明确的边界。

体块的相互作用

对图解进行比较，突出表明体块的相互作用大多发生在街墙底部。这里会有内部体块闯入人行道空间，与行道树和建筑物边缘的垂直体块重叠。图解显示，南桥路主要有两个叠加的水平体块，而东三街有一个垂直体块与树冠下方的水平体块重叠。考察图表可以进一步看出，南桥路的规模更大，结构更简单，车道更宽，东侧外墙变化更少，因而体块更少，也更大。东三街较多的基本组成部分在街道两侧形成更多、更小的体块。虽然两条街道的体块都没有复杂的相互作用，但是却形成了不同的空间，说明街道空间存在着相互作用，能影响人们对街道空间的感知。绘制一条街道的体块，可以增加重要的空间信息层面，发现改变街道体验和感知的重要信息。

所有分析都不包括信息，只关注所选方面。抽象现象的绘制，必然降低事件的复杂程度和深度。上述过程有其局限性，但确实能对街道进行系统而详细的考察，并提供框架，推测街道的物理特征和空间情况。对街道和城市所做的分析只是起点，至于如何解释就要看各位感兴趣的专业研究人员了。规范使用该方法，再结合现实世界的经验和大量研究技巧，如平面分析、摄影记录、绘画、数字建模等，可以极大增进我们对街道的理解。

方法的使用

撰写本书并开发方法的动力是为设计研究提供一种工具，帮助有经验的从业者将隐式信息和知识转化为显式，并确保他们在进行城市和街道的相关讨论时，不会因为熟悉这些隐性知识而不予重视，或视而不见，甚至秘而不宣——这是一个显而易见的最应避免的问题。基本方法是以比较分析为基础，结合大比例尺城市剖面图和平面图以进行宏观尺度的调查，考察城市的组织形式和垂直结构，并比较不同城市的调查结果来增进了解。使用图解分析进行微观尺度的探索，对个别街道的物理和空间分门别类，并结合另一条街道进行评估。这种方法适用于许多情况。需要深入了解城市环境的物理和空间特征时，就可以使用该方法。本书当前调查的范围有限，无法全面讨论这些分析方法的运用，当然这可以成为另一本书的主题。不过，本书仍有必要举例说明它的应用方式。以下概述了城市设计某些相关领域可能带来的好处，并对研究设计人员如何利用这些信息和技术做出一些说明。每次运用该技术，收集的信息大多是相似的。正是这一研究框架探究了所收集信息的相关性。

城市复兴相当复杂，包括经济预测、政治、行政、社会目标和实际设计。其过程和挑战的核心是城市分析的不同形式，这是物理属性研究的重要方面。系统地研究大小街道的现状，可以基本了解现有城市形态的情况和关系。使用大比例尺城市剖面图和平面图考察城市，探索各组成部分之间的组织方式、相互作用及结构连接，可以获取数据并形成见解，对广泛问题和具体情况做出判断，比如资源的适当位置，或开发的尺寸和/或配置。在开发项目时仔细绘制场地的物理特征，可以考察一个区域的街道是否运转、公共空间的规模如何、系统内部的关系是否一致等诸多问题。如果城市其他领域的属性和品质与城市复兴计划的诉求类似，也可以运用这些技术进行调查。与成功案例的材料和空间特征相关的问题也会影响方法、组织、设计、交流等多个层面。该方法专门用于考察和比较以往案例与当前模型。利用该方法对面临类似问题和实际安排的项目进行规范调查，能够形成详细的信息并生成广泛的原则，进而指导具体项目或可能的城市复兴政策的战略制定。

充分了解单个元素，了解一条街道或一个社区的物理属性，对于城市保护至关重要。使用该方法可以获取额外数据和见解，并进一步考察城市历史。构建历史城市形态的大比例尺城市剖面图，或绘制街道早期的空间关系，可以获取关键信息。例如，在宏观层面加入垂直维度，可以推断街道的质量和规模，增进对平面图形的研究，有助于了解城市的品质和形态之间的相互作用，推进现存结构的改善。而在较小的层面，现状来自历史街景和公共空间，了解这些对于维护和/或重建具体环境至关重要。上述图解技术可用于考察建筑物布局或特定结构，并了解各种重要的空间关系和结构。对选定对象或场景的历史模型或前身进行视觉分析，可以识别关键的空间属性和组成部分之间的关系，并定义研究的主题背景。该系统还可用于研究其他城市和街道的历史案例，提供流程和设计，帮助形成适当的解决方案和替代方案。评估年代相近、能产生文化共鸣的例子可以深化调查研究。同样，与现状进行比较和对比则能对特定情况形成更加精妙的认识。使用这种方法进行剖面和视觉评估，既能扩大历史研究，也能进一步研究当前情况。除了分类和记录，分析技术对于全面了解现有情况也至关重要。绘制图解并研究当前配置和组成部分，形成基准线，从中做出判断。可以采取同样的步骤来评估某些方面所提出的方案，对其进行剖面分析，并联系以往案例和历史场地条件，结合当前配置，对解决方案进行检测。这些检测可以强调冲突，确定正确的关系，有助于方案的改进。

　　理解与建成环境相关的物理、经济、社会和文化等各种复杂问题，需要采取一系列研究策略。这种调查城市形态与场所的手段为城市设计师提供另一种方式去收集、评估和利用不同层面的信息。如前所述，垂直数据的纳入能够进一步考察更大的模型，并增强城市物理方面的相互作用。平面图和剖面图相结合，有助于空间立体化，使设计师进一步把握三维关系，做出更明智的判断。城市设计师的重要任务之一是仔细考察现有情况，查找尽可能多的信息，进行分析并全面了解情况。探索剖面信息，从中获取额外知识，了解更多细节和可能的关系，也能扩充其他知识来源。使用分析方法来考察设计先例，上述情况也适用。对于合适的已完工的设计，进行视觉分析并深入研究，增进细节和深度了解，有助于开发设计解决方案，发现可能的问题。对于面临类似挑战，或打算修建相似公共空间的城市设计项目，调查其异同点可以获取更多的信息层面，故而是形成新的设计过程的宝贵手段。这些技术也可以通过评估设计的配置和后果并评估设计与现有情况的相互作用，对设计方案进行检测。人们可以通过分析设计方案与环境相互作用而形成的空间和物理属性，对设计进行调整，使其达到标准，使设计方案与周围环境建立连贯的关系。

　　如上所述，使用比较分析方法可以进一步了解空间因素及其对人们体验和感知城市环境的影响，但并不仅限于此。相反，这些案例只涵盖极少的几种可能，讨论也有限，只简要说明了可能获取的知识类型和好处。本书概述这些案例的目的在于为有需求的人提供建议并刺激思维，鼓励思考该方法固有的基本原则，并以此构想和尝试其他应用。建筑师、设计师、研究人员，任何人感兴趣或有需要，都可以开发并运用这一方法所含的基本技术。该方法的目的是为人们提供规范的结构，引导人们密切查看并分析物理配置形成空间的方式以及其出现变化时对空间品质所产生的影响。

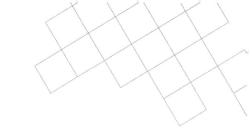

C 第 hapter
六
章
S Six 结语
Conclusion

　　城市是复杂的，涵盖经济、政治、物理、社会和文化等诸多因素，是其中的每个因素被层层考虑且相互作用的复杂结果。了解城市及其使用方法和运作方式，已经发展成为广阔的研究领域，该研究领域有着各种各样的方法，并且每一种都有特定的分析模式和运作方式，并形成成熟的学科。毫无疑问，没有哪一种方法可以解决所有问题、提供所有答案，它们也都有局限性。尽管如此，对每一种有关的思想展开批判性应用能够拓展城市规划实践，而每一个特定的思想体系可以为人们提供独特的信息和经验。不同的考察方式能够帮助人们拓展知识，并找准问题，把握关注点、理论点、策略点，提出解决方案。

　　过去60年以上的城市思想已经证实，许多因素会影响城市环境的品质。显然，单凭物理属性并不能营造成功的公共场所。然而，这些属性的确能发挥重要的作用，既能大力促成品质空间，也能破坏或限制它们。对于设计师来说，需要全面了解这些属性，并采用多种智能方法，终极目标是提高与物理问题相关的判断力。物理配置就是设计的实践活动。因此，了解城市的物理配置对设计师至关重要。

　　首先，本书的目的是为人们提供一种考察城市的明确手段。其核心前提是收集大量城市的视觉信息，再进行分析并形成系统框架，这些对设计师和城市规划师非常有用。为此，我们提供了一套图纸，既能大规模考察城市，也能小范围研究街道。依惯例采用平面分析图和剖面分析图，具体来说，是因为此类图纸在视觉上比较抽象，能够隔离信息，展现并强调关键关系。使用精确的比例图有利于进行规范的评估，同时提供强大的调查框架。本书还展示了一种探究图纸的图解法，并提议使用这种方法阐明关键信息和关系，以全面了解城市和街道。图纸、调查技术和讨论能够完善分析步骤，并扩展研究与设计过程中使用的工具和信息，从而推动城市设计领域的发展。

　　考察城市设计史和当下有影响力的思想，并探索物理方法的发展，为本书所关注的问题和提出的方法确定了背景。物理特征如何界定空间，如何促成地点的认同，都强调了物理分析的重要性。平面图作为一种调查和设计手段，它的发展史突出说明它的价值。如果结合剖面图提供的垂直数据，并采取谨慎的方法，还能增强这门重要工具。

　　剖面图，特别是与城市结构相关的剖面图，作为智能手段，有其发展传统，通常用于传递概念思想。但是作为分析工具时它的使用更为有限。扩展剖面图的使用范围，可以对推断出来的信息进行量化和考量，好处显而易见。使用大比例尺城市剖面图，并探索形态各异的具体城市，可以识别组织结构的空间影响，并考察垂直关系。这种宏观尺度的剖面分析能够增强三维解读，有着宝贵的价值，对城市环境的研究具有重要的影响。结合平面图和剖面图来比较城市时尤为如此，能够展示每座城市各自的垂直秩序，并发现相似之处，从而形成不同配置的空间衔接。

19世纪工业化引起的市中心爆发式增长，给城市环境带来了不足和挑战。于是，有人试图彻底改变城市的组织、空间和形式，提出了一些替代方案。从某些角度来看，这些替代方案实际上是要摧毁城市，因为它们提议，城市的供给应当摒除所谓的消极特征，如过度拥挤、卫生条件差、光线不足、感官超负荷、贫困和"不道德"的社会交往。这些替代方案的主要工具有流通系统、组织、空间，并安插各种景观元素来配置建成环境。这些替代方案实现了某些目标，可以说取得了巨大成功。花园城市的郊区有着理想的品质，住宅高层的卫生条件得到改善，也有更多的空间，这些都是不争的事实。但是这些模式自身显然对社会和生态也有一定的消极影响。

特别是随着世界变得更加工业化、更加城市化，建成环境的基本问题就是组织和形式问题。当建筑物在一起形成建筑群，它们之间的空间、组织方式和配置能产生深远的后果，包括感知、经验、社会、经济、文化、生态，还有政治等多个方面。形成这个空间的历史模式通常被称为"街道"。人们越来越认为街道可以极好地满足关键的社会需求，并开发出大量街道设计和管理的资源，从而识别街道的主要构成及其在街道的空间、功能和社会运作中的作用。而垂直信息和剖面分析的添加则能够进一步了解这些构成的运转方式，显然对设计师极为有用。

本书呈现了一系列城市和街道的分析图纸，并进行了描述，提供了一组精确的数据，可用于调查具体城市情况或一般原则。各色城市和普通街道提供了灵活的资源，可进行广泛的应用，如考察相似的环境或探索陌生的情况。虽然有优质街道可供借鉴，可以传授很多经验，但是还是有很多更加普通、平凡的街道可以提供大量有价值的信息。深入了解城市、街道的运转及其组成部分和所形成的空间与关系十分重要。本书所提供的图纸能够强有力地增进人们对这些领域的了解。

将图形技术用于调查街道和城市有着具体的好处，特别是对设计师而言。而所提出的方法也可以有多种应用。在宏观层面，仔细读取垂直和水平信息，能够发现城市重要的结构条件和显著的相关性。就街道而言，单独研究特定问题，能够发现联系和常见安排，并逐步了解详细情况。视觉信息必然是相关的，加上多条信息同时呈现，特别适用于考察城市环境。关注城市规划各个方面的从业者将会利用这些技术，在具体背景下发现相关事实并形成见解，从而扩展研究和设计过程。

可以从各种分析和理论角度看待城市结构的复杂性。对于设计师而言，城市的物理属性是实现其实践目的（即"以人为本改善城市"）的手段，具有特别的意义。忽视其中任何一个都可能适得其反。利用正投影图和图解对多个现存城市环境的物理特征进行严格分析，可以生成大量有用数据，并得以比较两种不同情况。此类评估能够展示一组新的可操作信息，并提供检测设计提案的方法。比较并调查适当的案例，能够得到具体的经验教训，突出一般原则，并开发出模型，用于扩展设计过程。

设计一楼空间时，应直接连接街道的外部空间。设计师应将街道视为一个空间，内外部之间的差别只是调节问题，其目标是在视觉和物理方面进行整合，形成相互作用。了解这两类空间是互补的，转变它们的关系，要求空间和体验连贯一致。设计方案如果能寻求街道内外部空间之间建筑结构的连接，利用这一过渡点为人们提供活跃的感官体验、社会交往和物理支持的机会，就将产生"迷人"的街道，此类街道将被人使用并得到认可。设计的关键在于消除简单化概念，认为这些空间是单独的，不同的，有围护结构的"分隔"，但它们必然是相连的。当它们巧妙而有效地相互连接时，就能形成充满活力的城市空间。

活跃的街道对城市环境至关重要，具有丰富的社会资源和实际优点，能够为人们提供丰富的体验。如果街道边缘可穿行且建筑细节多样、设施众多，就能极为有效地为人们所使用或为人们提供活动空间。当一楼活动成为城市空间的一部分，就能增强街道的公共空间。最重要的是能消除城市内外部的区别，形成连续而流动的空间，这一建筑理念影响着城市环境。在城市环境中，建筑挑战的重点在于构建这个关键界面，而分析现有模型，综合解决方案的技术对设计师来说是至关重要的工具。

本书认为街道运转的专业知识对于理解一个地方及其所在城市的特征至关重要，并基于这种理念试图阐明这一知识。多年的研究、教学和建设性对话深化了基本见解。而利用平面图、剖面图和图解能够分析街道和城市的复杂性，了解空间细节，改善城市空间的设计。以此为基础，综合多个来源及个人经验和感受，能够形成基本方法论。本书所提出的技术具有特别的关注点，因此有明显的局限性，但是优点也同样明确，能提供有限但有价值的贡献。

建筑师和设计师的主要手段是观察与作图，而城市现象的复杂性增加了工作难度。怎样理解并传递这种复杂性，哪怕是其中一个小方面，引发了我对隐性知识的考察，并进一步探索城市规划，开发出一种清晰透明的手段来考察不同规模的街道和城市的材料细节。垂直信息至关重要，视觉分析功能强大，这些观点的展示，加上收录的图纸，为设计师提供了起点，我们也可以扩展利用这一工具，形成自己的版本。

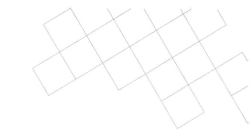

A致谢
Acknowledgements

在本书调研和撰写期间，有很多人提供了帮助，我想对他们表示感谢。

首先，我要感谢大卫·波特教授，他鼓励我探求最初的观点，并在研究之初给予支持，我才能写成此书。克里斯·普拉特教授在我撰写本书期间提供帮助和经费。格拉斯哥艺术学院研究发展基金会曾两度为本书研究图纸的绘制提供资金，为我完成本书的最终图纸打下了基础。没有这些资金援助，我将无法完成此书。我非常感激诸位教授和基金会的支持。同样，我也要感谢艾伦·杰克逊·辛普森，他为本书贡献了所有宝贵的讨论。

我要感谢我的研究助理撒贝亚·阿里、保罗·霍克斯和罗伯·哈维的辛勤工作，他们帮忙为本书的最终插图绘制了研究底图。撒贝亚对街道进行了逐一研究，并绘制了剖面图和平面图，这些剖面图和平面图是构成本书主体的基础。保罗绘制的大比例尺城市剖面图和平面图则是本书研究重点的另一关键部分。罗伯帮助设计了图纸和图表版式，对于绘制清晰的最终插图至关重要。

我还要感谢我的所有学生。过去四年来，在我著书期间，他们参与研讨并绘制了各种版本的城市和街道的剖面图和平面图。和他们一起探讨的技术和思想构成了本书的基础，让我受益颇丰，得以厘清并扩展早期的概念，形成更加精细和完整的思想体系。这些学生包括马鲁夫·安萨里、阿菲夫·库拉普拉卡尔、池桑·卡迪尔·曼尼·钱德拉波什、妮可·大卫德森、迈克尔·戈登、什迪奇·库玛、海伦·麦考马克、卡那库马里·米什拉、娜奥米·罗南、维克兰特·辛格、卡迪克·维德、悉尼·华莱士、杨志杰（音）和叶依晨（音）。

还有一些朋友帮忙获取各个城市的信息和材料，他们也做出了重要贡献。我要感谢以下诸位的帮助：马鲁夫·安萨里、阿内拉·安瓦尔、迈克尔·阿彻、阿齐姆·艾尔沙德、克里斯蒂娜·巴特曼、多洛雷斯·巴特罗、娜塔莉·贝内特、薇薇安·卡瓦略、雨果·科比特、亨丽埃塔·达克斯、卢恰娜·弗里格里奥、阿什莉·戈塞克、格里高利·戈塞克、玛丽·戈塞克、杰克·休斯、奥拉·莫雷诺·拉贡内斯、阿格尼丝·兰弗兰科、克雷格·劳里、托因·拉瓦尔、詹姆斯·麦斯韦尔、亚当·麦格伦、肯尼斯·麦奎尔、帕布洛·希门尼斯·莫雷诺、夏华·穆托、鲁埃里·奥康奈尔、简·雷、加伦·理查德森、安德烈·塞尔斯、苏·舒拉巴赫、迪特·玛丽·雷森·斯汀史翠普、查尔斯·斯通、阿拉克·史里斯旺和乔塔翰·布鲁诺·瓦斯克斯。

我还要大力感谢我的诸位同事。在本书的撰写过程中，他们提供了重要的讨论和点评。首先我十分感谢约翰尼·罗杰的帮助和支持，他总是充满热心、极有见地，还阅读了部分文本，并做出了重要的反馈。我还要感谢乔安娜·克洛奇、斯图尔特·迪克森、茱丽亚·雷德克里夫和弗洛里安·厄尔班的贡献，他们在关键时刻倾听并做出了点评。我还非常感谢克莱尔·麦克迪尔米德的宝贵意见和重要观点。我也要感谢菲利普·伍德罗和卡门·米亚斯为我提供了安静的写作场所。

最后，我最想感谢的是我的妻子萨拉·品托。她是最早建议我写此书的人，她长期的鼓励、支持和帮助对我至关重要。在整个研究和写作阶段，她一直富有耐心，乐于倾听。没有她，我不可能完成此书。